老年常见疾病护理

主　编　李　望

副主编　缪礼红　晏　燕

主　审　周　琦

编　者（按姓氏汉语拼音排序）

戢　芳（重庆医科大学附属第二医院）

江碧蓉（成都锦欣精神病医院）

李　望（成都职业技术学院）

缪礼红（成都职业技术学院）

唐　婵（成都职业技术学院）

魏容容（成都职业技术学院）

晏　燕（成都职业技术学院）

竹　琳（四川大学华西医院）

科学出版社

北　京

内 容 简 介

本教材结合老年护理行业要求，与工作岗位对接，强化岗位任务与动手能力。教材编写内容包括认识老年常见疾病、呼吸系统疾病的护理、循环系统疾病的护理、消化系统疾病的护理、内分泌系统疾病的护理、神经系统疾病的护理、运动系统疾病的护理、泌尿生殖系统疾病的护理、精神障碍的护理。

本教材除了满足高职高专护理、助产专业教学使用外，还可作为临床护理人员继续教育、养老护理员岗位培训及老年护理机构工作人员的参考书，也可作为老年人疾病预防及护理的健康保健书籍。

图书在版编目（CIP）数据

老年常见疾病护理 / 李望主编. —北京：科学出版社，2017.11
ISBN 978-7-03-055235-8

Ⅰ. 老… Ⅱ. 李… Ⅲ. 老年病–护理–教材 Ⅳ. R473.59

中国版本图书馆 CIP 数据核字(2017)第 274056 号

责任编辑：张映桥 / 责任校对：张凤琴
责任印制：李 彤 / 封面设计：张佩战

科 学 出 版 社 出版
北京东黄城根北街 16 号
邮政编码：100717
http://www.sciencep.com
北京中石油彩色印刷有限责任公司 印刷
科学出版社发行 各地新华书店经销
*
2017 年 11 月第 一 版 开本：787×1092 1/16
2024 年 1 月第八次印刷 印张：11 1/2
字数：229 000

定价：54.80 元

（如有印装质量问题，我社负责调换）

前　言

党的二十大报告指出："人民健康是民族昌盛和国家强盛的重要标志。把保障人民健康放在优先发展的战略位置，完善人民健康促进政策。"贯彻落实党的二十大决策部署，积极推动健康事业发展，离不开人才队伍建设。党的二十大报告指出："培养造就大批德才兼备的高素质人才，是国家和民族长远发展大计。"

随着我国老龄社会的到来，老年人日益增长的医疗照护需求与资源有限的矛盾不断凸显。实现健康老龄化不仅需要延长老年人的寿命，更重要的是要延迟老年人残疾的发生。当前，有关部门积极推进发展老年护理事业，各种形式的养老机构数量迅速增长，养老护理教育及人才培养需求明显增加，质量也在不断提高。为进一步加快培养老年护理专业人才，为满足以老年人生命周期为主线的老年系列教材的建设要求，我们参照国内外老年护理相关教材和资料，编写了《老年常见疾病护理》教材。

本教材以高等卫生职业教育护理专业人才的培养目标"实用性与技能型"为指导思想，结合行业要求，着重解决老年人各系统常见疾病的临床护理中的实际问题，注重和加强实践技能操作的培养，与护士执业资格考试密切结合，较好地与工作岗位对接。全书共九章，内容包括认识老年常见疾病、呼吸系统疾病的护理、循环系统疾病的护理、消化系统疾病的护理、内分泌系统疾病的护理、神经系统疾病的护理、运动系统疾病的护理、泌尿生殖系统疾病的护理、精神障碍的护理。

本教材编写突出了老年护理的特点，根据老年护理服务的需求和临床实践精选教材内容，以护理案例为导入，通过案例分析导出护理工作任务，每个任务后有目标检测题，与老年护理及养老服务密切相关，便于学生掌握任务内容，同时启发和培养学生的临床思维能力。

本书在编写过程中，各位编者所在单位给予了大力支持和鼓励，在此表示诚挚的谢意！由于编写时间有限，且编者的知识和能力水平有限，难免出现错误和疏漏，敬请专家、同行及使用本教材的师生批评、指正。

李　望

2023年6月

笔记栏

前言

目　录

笔记栏

笔记栏

项目一

认识老年常见疾病

学习目标

1. 熟悉老年患病的特证 。
2. 掌握常见的老年疾病。
3. 掌握老年常见疾病出现危急重症的护理。

案例 1-1

患者，女性，92 岁。离休人员，与保姆同住。患有多种控制稳定的慢性疾病，消化系统疾病：胃食管反流病、回肠末端多发糜烂（炎症性肠病可能大）；2 型糖尿病；心律失常（短阵房速）；外周血管疾病：双下肢动脉节段性狭窄；骨质疏松；眼部疾病：双侧老年性白内障术后、双侧混合性青光眼术后、黄斑变性；抑郁症；乳腺癌根治术（临床治愈）；张力性尿失禁（坚持盆底肌锻炼，已经 3 年未出现漏尿表现）。

该患者同时使用 10 种口服药物和 8 种维生素片。每月 1 次由保姆陪同到门诊取药，日常生活自理，积极参与社区活动，追求高品位生活，每年外出旅游 1～2 次。

问题：1. 该患者的疾病有何特点?

2. 护理该患者时需要注意哪些方面?

一、概述

老年疾病是指人在老年期所患的与衰老有关的，并且有自身特点的疾病。老年人患病不仅比年轻人多，而且有其特点，主要是因为进入老年期后，机体逐渐老化、免疫功能下降、各器官和组织功能衰退等，导致老年人处于疾病前期，任何一种因素作用于老年人都可能引起老年病的发生，使老年人向疾病期过渡。疾病受生物医学因素、精神心理素质、社会行为、社会和环境等多方面的因素影响。自身体质下降、精神心理调节不良、社会适应能力低下以及适应较剧烈环境变动的能力差等均可导致老年人发生疾病。

笔记栏

老年常见疾病的护理是研究老年人各个系统常见疾病的发生、发展规律，并运用先进的护理理念和程序对老年患者进行整体照护，以达到减轻痛苦、促进健康、预防疾病、维持和增进健康的目的。

二、老年人患病的特征

多数老年人患有慢性疾病，这是老年病的一个较典型的流行病学特点。我国老年人常见的慢性疾病有高血压、冠心病、脑血管疾病、糖尿病、恶性肿瘤、慢性阻塞性肺疾病（COPD）、白内障和前列腺增生等，在不同地区和不同的人群中，每一种疾病的患病率和排列顺序都有所不同。老年性疾病种类较多，疾病性质复杂，主要有以下几个特征。

（一）多数老年病症状和体征不典型

与中青年人比较，老年人对诸多疾病易感、易于患病，但老年人的反应性和敏感性降低，临床表现不典型、隐匿或缺如，临床表现不能反映病情进展。如由于老年人神经系统的退化，体温调节中枢能力降低，因此导致对温度觉反应性降低，故常出现严重感染时高热不明显，仅有乏力、酸痛、食欲缺乏等全身症状。如老年肺炎患者多体温正常，血象不高，仅有轻度咳嗽、咳痰表现，但病死率较高。若对老年患者的特征认识不足，则容易造成漏诊和误诊，护理老年患者时应耐心和细致，注意病情观察。例如：

（1）中枢神经系统的退化，可致老年人对痛觉的反应减退，因此发生急性心肌梗死时患者疼痛感可不明显，或仅表现为剑突下不适感，因此需结合临床观察、心肌酶学及心电图检查进行诊断与鉴别；再如发生泌尿系感染的老年患者，其尿频、尿急、尿痛等膀胱刺激症状多不明显，或仅表现为排尿不适感，而尿培养可检出病原体。

（2）渴觉中枢敏感性减退，可致老年糖尿病患者无多饮、多尿表现，多由于糖尿病相关并发症的出现才得以确诊。如因外周神经、自主神经病变或大血管、微血管及皮肤等并发症而就诊，或仅在体检中被发现。

（3）交感神经敏感性降低，由于交感神经对甲状腺素不敏感，因此老年甲状腺功能亢进患者多呈现淡漠，高代谢症候群不典型。

（4）老年肿瘤患者症状及体征亦不十分典型，但病情重，常延误诊断。

（5）老年急性胆囊炎患者早期症状不典型，且由于反应迟钝，腹壁松弛，腹膜炎体征不明显，因此较难从查体中断定病情的轻重。

笔记栏

（二）多种疾病共存

老年人由于年龄的增长，各器官功能逐渐发生障碍，因此身体所患疾病增多。一般包括两种情况：一种是多个系统均发生病变，如有的老年人同时患有冠心病、慢性阻塞性肺疾病、重度骨质疏松症、白内障等多种疾病，累及多个系统；而另一种则是同一系统或同一脏器同时发生多种疾病，如循环系统同时患冠心病及高血压，消化系统可有消化性溃疡及慢性浅表性胃炎，或慢性胆囊炎与胆囊结石等同时存在。由于多种疾病集于一身，患者的临床表现因此复杂化，可表现为一种疾病的症状被另一种疾病的症状所掩盖，如老年急性心肌梗死患者疼痛可位于剑突下且不典型，若同时发生消化性溃疡，导致上腹部疼痛，则心肌梗死患者其心源性疼痛可被腹痛所掩盖，导致诊治的延误或表现为疾病加重。如慢性心功能不全的患者，若同时处于慢性阻塞性肺疾病的急性加重期或同时发生其他系统的感染，则可导致心力衰竭加重或直接导致急性心力衰竭的发生，威胁生命。因此，老年患者复杂的临床表现，大大增加了疾病诊断及治疗的难度。据统计，老年人平均同时患有6种疾病或更多，如一位老年人可同时患有高血压、冠心病、高脂血症、颈椎病、白内障、良性前列腺增生症等，由于多种疾病并存，使得老年患者的临床表现呈现多样性和复杂性。虽然几种疾病在老年人身上同时存在，但总有轻重缓急，其中必有1～2种为主要疾病，危害性大，甚至有致命性危险。

（三）并发症发生率高

老年人罹患某种疾病时，易在该病的基础上并发其他疾病，这与老年人多种疾病并存、免疫功能降低、抵抗力差、对应激的抵御能力减弱有关。常见的并发症：

（1）肺部感染、呼吸衰竭：老年人常有COPD基础疾病，患病后（如脑卒中、外伤、手术等）卧床，特别是长期卧床，肺部痰液引流不畅，易继发肺部感染；感染如不能及时控制则继发呼吸衰竭而危及生命。不少脑卒中、创伤、糖尿病、围术期患者，不是死于原发病、手术或创伤，而是死于肺部感染、呼吸衰竭。

（2）水、电解质和酸碱平衡失调：老年人的细胞外液比例降低，内环境稳定能力差，对水的耐受能力差，且老年人患病容易发生低血压、低氧血症，导致组织（特别是肾）灌注不足，易发生代谢性酸中毒，因此，老年人患病容易并发水、电解质和酸碱平衡失调。

（3）心功能不全：老年人心功能随增龄减低，50%以上的老年人患有冠心病，老年人患病后、特别是合并肺部感染之后，继发的低氧血症、酸中毒、冠脉供血供氧不足等，均会诱发或加重心功能不全。

笔记栏

（4）肾功能不全：肾是老年人随增龄变化最显著的器官之一，高龄老人的肾小球滤过率（glomerular filtration rate，GFR）只有中青年人的 30%～50%，研究发现 31%～49%的健康老年人的 GFR＜60 ml /分，因此大多数老年人的肾功能处于代偿的边缘状态。老年人患病所致的肾灌注不足以及应用药物引起的肾损害，均可导致老年人肾功能不全乃至肾衰竭。

（5）血栓和栓塞：老年人血液流变学异常，血液黏稠度和凝固性增高，加之老年人血管壁异常，在此基础之上，当其患病卧床以后，容易形成血栓，常见下肢静脉血栓、脑血栓、肺栓塞等。

（6）应激性溃疡：老年人胃、十二指肠黏膜屏障功能退化，防御能力减弱，黏膜下血管硬化，老年人患病后、特别是在应激状态下，胃酸、儿茶酚胺分泌增加，导致黏膜下血管收缩、黏膜下血流减少以及原发病本身可能导致低氧血症等，均会导致老年人胃、十二指肠黏膜应激性溃疡的发生，因此，应激性溃疡合并上消化道出血是老年危重患者常见并发症之一。

（四）多药共用和药物的不良反应

老年人一方面由于多种疾病并存，需要服用多种药物，但另一方面因其肝、肾功能随增龄减退而对药物的代谢和清除障碍，造成药物在体内蓄积，因此，老年人不良反应发生率高，易患药源性疾病。早在 1996 年就有报道，在美国，药物不良反应占老年患者住院原因的 5%～23%、门诊就诊原因的 1.75%以及死亡原因的 0.1%。对于老年人，用药需要更加谨慎，尽量减少用药。一般坚持 5 种药物原则，然而，在实际医疗工作中很难做到这一点。

（五）病情迁延，病程长，难治愈

老年人由于免疫功能下降，机体防御能力差，创伤修复功能弱，因此疾病恢复慢，治愈时间相对延长。如老年人发生骨折后，因其本身骨量减少，且修复能力较差，故愈合时间多比青壮年长；再如老年人手术后，因血供缺乏，伤口愈合时间较青壮年延长，机体恢复较青壮年慢，因此，高龄患者外科疾病通常难以治愈，由于老年疾病绝大多数为慢性病，如老年人的恶性肿瘤、慢性阻塞性肺疾病、冠心病、脑卒中等，均难以治愈，病情易反复。尤其是脑卒中后遗症患者，由于肢体活动障碍而长期卧床，容易引起肌肉萎缩，或由于咽反射减弱引起饮水呛咳，致卒中相关性肺炎等并发症，不仅难以康复，而且易于复发，导致病程长。高血压病、糖尿病及骨质疏松等老年人常见疾病，目前尚无治愈措施、需长期服药，终生治疗。

笔记栏

（六）恶化迅速，致残率及病死率高

老年人因各器官功能减退，免疫力下降，因此对原发性疾病缺乏有效防卫反应，且全身也较难快速做出调节，易迅速出现各种并发症，使病情很快恶化。如发生心肌梗死的老年患者，发病症状可不典型，但可很快出现心律失常、心力衰竭、休克，甚至死亡；而慢性阻塞性肺疾病及慢性肺源性心脏病患者，发病后则可很快出现电解质紊乱、酸碱失衡、呼吸窘迫及呼吸衰竭，亦可迅速出现心力衰竭致心搏骤停。再者，老年人视力减退，运动功能下降，且多患骨质疏松症，易跌倒致骨折且由于手术限制及不易愈合，易致残。

知识链接

老年疾病多专业、多学科团队管理

由于老年病的复杂性与特殊性，导致了老年病的诊疗、康复与护理需要由多学科成员组成的团队共同参与，需要对老年患者进行综合评估。老年综合评估是设计多方面和多学科的诊断过程，以此来确定老年人在躯体、精神、心理、社会行为、生活环境及其功能状态等方面存在的问题。目的是为老年患者制订一个协调的、综合的、短期或长期的照料计划，促使老年人尽可能康复。多学科团队，具体包括老年病医师或全科医师、老年病护士、老年康复治疗师包括物理治疗师（physical therapist，PT）、职业治疗师（occupation therapist，OT）、语言治疗师（speech therapist，ST）和工娱治疗师、社会工作者、营养师、临床药师、心理师和咨询工作者等。在团队的共同努力下，使老年病患者在合理的护理照料中逐渐康复。

三、危重老年人的观察与护理

（一）危重老年人的观察

凡属病情严重、随时可能发生生命危险的老年人，均称为危重老年人。观察病情是护理危重老年人的先决条件，如老年人生命体征的改变，瞳孔、意识的变化，排泄物异常，精神状态的紊乱等，都能帮助护理人员识别危重老年人。

1. 观察生命体征

（1）体温变化：体温低于 35℃以下，多见于休克及极度衰竭老年人，体温持续低于正常体温常是病情危险的征兆。体温突然升高，多见于急性感染，过高的发热（40℃以上）及持续高热，均是病情严重的表现。

（2）脉搏变化：测量脉搏的过程中，要注意脉搏的快慢、强弱、节律是否正常，如

笔记栏

发现脉搏每分钟少于 60 次或多于 140 次，当间歇脉、脉搏短促出现时，均说明病情有变化。

（3）呼吸变化：主要观察呼吸的频率、深浅、节律，各种原因引起的肺内气体交换障碍，均可发生呼吸改变。当呼吸严重抑制时，可出现点头样或潮式呼吸。如呼吸频率每分钟多于 40 次或少于 8 次，都是病情严重的表现。

（4）血压变化：对高血压和休克老年人观察血压具有特殊意义。若舒张压持续高于 160mmHg 以上，或收缩压持续低于 90 mmHg 以下，或时高时低，都是不正常的现象。

2. 观察瞳孔变化 瞳孔变化是许多疾病，特别是颅内疾病、药物中毒等病情变化的一个重要特征。

（1）瞳孔对光反应：拇指和食指分开上下眼睑，露出眼球，用电筒直接照射瞳孔，观察瞳孔对光的反应是灵敏、迟钝或是消失。正常人对光反应灵敏，当光线照射瞳孔时，瞳孔立即缩小，移去光线或闭合眼睑后又可增大。危重或昏迷老年人，根据程度的不同，对光反应表现为存在、迟钝或消失。

（2）瞳孔大小：正常瞳孔在自然光线下，其直径为 2.5～4mm，两侧等大，呈圆形。瞳孔直径小于 2 mm 为缩小，大于 5 mm 为扩大。双侧瞳孔扩大，见于颅内压增高；两侧瞳孔缩小，常见于有机磷农药、吗啡等药物中毒；危重老年人的瞳孔突然扩大，常是病情急剧变化的标志。

3. 一般情况观察

（1）营养状况：营养状况以皮肤、毛发、皮下脂肪和肌肉发育的程度来判断。

（2）表情和面容：疾病的轻重缓急以及疾病的性质，都可以影响老年人的表情和面容。急性传染病或发热的早期，如患流感、肺炎球菌肺炎，常出现两颊潮红、口唇干燥、呼吸粗大、皮肤发热等征象，这被称为急性病容。相反，患有慢性消耗性疾病的老年人，如肺结核、长期发热、癌症等，由于久病体虚、消耗多、营养情况差等原因，老年人表现消瘦无力，面色苍白；或有色素沉着，说话费力，精神萎靡，双目无神，这种面容称为慢性病容。

（3）姿势和体位：老年人的动静姿势、体位和疾病有密切关系。不同疾病可使老年人采取不同的体位，休息时老年人大多安静平卧、活动自如，称为自动体位。神志不清、意识丧失或极度衰弱者，因不能随意移动其躯干和四肢，需要由旁人搬动，称为被动体位。由于疾病的影响，老年人被迫采取某种姿势以减轻痛苦，称为强迫体位。例如患有胸膜炎或胸腔积液的老年人，喜欢睡在病侧，使这一侧的呼吸运动减少，减轻疼痛，又不使积液压迫肺脏，增强健侧肺的呼吸活动，达到代偿的目的；患有严重心力衰竭的老年人或在支气管哮喘发作时，老年人采取坐位，两手支撑在床边或椅背上，用辅助肌帮

笔记栏

助呼吸，这种体位称为端坐呼吸。

（4）皮肤黏膜：某些疾病的症状可通过皮肤黏膜的变化表现出来，护理员要注意观察老年人皮肤的弹性、颜色、温度、湿度及有无皮疹、出血、水肿等情况。如巩膜和皮肤黄染，是黄疸的表现，大多是肝胆疾病的症状；口唇及四肢末梢发绀是缺氧的表现。

4. 意识的观察　意识清醒的老年人，语言清楚有力，思维合理，表达明确，对时间、地点、人物判断记忆清楚。意识障碍依据程度不同可分为：

（1）意识模糊：意识模糊是最轻的意识障碍。对周围环境漠不关心，答话简短迟钝，表情淡漠，对时间地点、人物的定向力完全或部分发生障碍。

（2）谵妄：谵妄是意识模糊伴以知觉障碍和注意力丧失，表现为语无伦次、幻想、幻听、躁动不安，对刺激反应增强，但多为不正确。

（3）嗜睡：老年人整日处于睡眠状态，但可以唤醒，遂又入睡，可回答问题，但不一定正确。

（4）昏迷：昏迷属于高度的意识障碍。昏迷的老年人对周围事物及声光刺激均无反应（如呼喊或言语刺激），但对强烈的刺激（如压迫眶上神经）可出现痛苦表情；各种反射均存在，如瞳孔对光反射、角膜反射、咳嗽反射、吞咽反射等。

（二）危重老年人的护理

危重老年人病情严重、复杂、变化快，随时有生命危险，因此必须对危重老年人进行全面观察，及时分析疾病的变化，设专人护理，并将观察的结果和治疗经过详细记录。特别是昏迷老年人身体极度虚弱，抵抗力差，护理员要加强对昏迷老年人各方面的护理。

1. 加强临床护理

（1）眼的保护：由于眼睑不能自行闭合的老年人眨眼少，角膜可因干燥而发生溃疡，伴发结膜炎，应为老年人涂红霉素眼膏或盖凡士林纱布以保护角膜。

（2）口腔护理：保持口腔清洁，并可促进老年人的食欲。

（3）预防并发症：昏迷和长期卧床老年人，易患坠积性肺炎和压疮。护理员对清醒者鼓励其定时做深呼吸或轻拍背部以助分泌物咳出；要经常变换老年人体位，加强受压部位的护理。老年人由于活动少，容易发生肌腱、韧带退化，肌肉萎缩，关节日久不动也会强直而失去正常功能，因此要保持老年人肢体的功能位置。病情许可时，每日2～3次为老年人做肢体被动运动，如伸屈、内展、外旋等活动，并做按摩以促进血液循环，增加肌肉张力，帮助恢复功能，也可预防静脉血栓的形成。

2. 保持呼吸道通畅　昏迷的老年人常因呼吸道分泌物、唾液等积聚喉头，而引起呼吸困难甚至窒息。应使老年人头偏向一侧，及时清除呼吸道分泌物，保持呼吸道通畅。

笔记栏

3. **补充营养和水分** 危重老年人分解代谢增强，需要补充营养和水分。对水分损失较多的老年人，如有大量引流液或额外体液丧失情况，应及时补充水分。

4. **保持排泄通畅** 如发生尿潴留，可采取帮助老年人排尿的各种护理方法，以减轻痛苦；对留置导尿管者，要注意引流通畅，防止泌尿道感染。

5. **注意安全** 要注意意识丧失、谵妄、躁动的老年人的安全，应用保护具，防止摔伤；牙关紧闭抽搐的老年人，要用压舌板裹上数层纱布放于上下臼齿之间，以防由于咀嚼肌痉挛而咬伤舌头；工作人员动作要轻，避免由于外界刺激而引起抽搐。

6. **密切观察生命体征的变化** 如果老年人出现呼吸、心搏骤停，护理员要立即通知医生，并立即采取人工呼吸或胸外心脏按压等措施。

目标检测

简答题

1. 简述老年常见疾病护理研究范畴。
2. 哪些原因导致老年人易患多种疾病?
3. 老年常见疾病的特征。
4. 简述危重老年人的观察方法。
5. 从哪几个方面对危重老年进行护理?

（李 望）

笔记栏

项目二

呼吸系统疾病的护理

学习目标

1. 熟悉呼吸系统疾病的病因、护理评估、护理问题。
2. 掌握呼吸系统疾病的护理措施。
3. 了解呼吸系统疾病的治疗要点。
4. 能够根据病情选择合理的护理措施并正确实施。
5. 能够进行呼吸系统疾病的健康教育。

呼吸系统疾病是我国的常见病和多发病。2008 年卫生部公布的全国居民死因调查发现，呼吸系统疾病（不包括肺癌）在城市的死亡病因中占第四位，在农村占第三位（16.4%）。2015 年的《中国居民营养与慢性病状况报告》中指出，目前呼吸系统疾病在全国居民慢性病死亡病因中占第三位。而各种疾病，包括 SARS、禽流感、癌症、心脑血管疾病、免疫性疾病、肾疾病及血液病等最终往往都可累及肺，引起肺部感染死亡。影响呼吸系统疾病的主要相关因素：大气污染和吸烟、吸入性变应原增加和肺部感染病原体的变异及耐药性的增加。

知识链接

呼吸系统老化

1. 呼吸道　老年人鼻黏膜萎缩、变薄，鼻道变宽，分泌减少，局部抵抗能力下降，易患呼吸道感染。喉黏膜感觉减退，咳嗽反射减弱，呼吸道内痰液不能及时排出，使呼吸道感染发生率增加。气管、支气管黏膜上皮细胞萎缩，纤毛粘连、倒伏或缺失，抵挡微尘的功能降低。小气道因杯状细胞增多，分泌物增多、潴留，易发生管腔狭窄、部分小气道阻塞，导致阻塞性通气功能障碍。支气管的反应增强，易致哮喘发生。

2. 肺　肺发生退化，出现老年肺的特点：肺组织颜色呈灰黑色；肺体积、重量减少，肺组织萎缩；肺泡周围弹力纤维退化，肺泡管、肺泡囊及肺泡扩张，肺硬度增加，肺泡的回缩力减弱，肺顺应性降低；肺动脉肥厚、纤维化，肺静脉内膜硬化，使肺血流量减少，肺毛细血管黏膜表面积减少，肺灌注流量减少，通气/血流比例失调，气体交换功能受影响。

3. 胸廓和呼吸肌　老年人胸椎椎体退行性变、脊柱弯曲后凸、胸骨前凸、肋骨走向改变近于水平，使胸腔前后径变大、左右径相对变小而呈桶状胸。肋软骨钙化、肋胸关节钙化、关节周围韧带硬化等使关节活动度降低，影响胸的活动度。呼吸肌肌肉萎缩、肌纤维减少，使肌力下降和呼吸效率降低。这些改变致胸廓弹性变小、呼吸容量下降，通气储备能力明显降低。

呼吸系统在 30 岁以后开始老化，表现为解剖结构开始退行性变、生理功能开始减退，60 岁以后老化更为明显，因而老年人呼吸系统疾病发病率高，严重时可影响老年人的日常生活，甚至导致死亡。

任务一　肺炎患者的护理

案例 2-1

患者，男性，67 岁。咳嗽、咳痰 1 周，发热 2 天。1 周前着凉后出现咳嗽、咳白色脓痰，伴咳嗽时右侧胸痛，自服“阿莫西林”，症状无好转，近 2 日咳嗽、咳痰加重，出现发热恶寒，体温高达 39.0℃左右，伴头痛、周身疼痛。既往史：糖尿病史 10 余年，无肺结核病史，吸烟史 30 年，每日 1 包，否认药物过敏史。体格检查：T 38.5℃，P88 次/分，R20 次/分，BP 128/90 mmHg。神志清楚，发育正常，精神不振，呼吸略促，咽红，双扁桃体不大，双肺呼吸音粗，右下肺闻及干、湿啰音，心律齐，心率 96 次/分，腹软、肝脾未扪及，两下肢无水肿。实验室检查：WBC 16.5×10^9/L，N 91%，L9%。胸部 X 线检查：双肺纹理增多、增粗且紊乱，右下肺有不规则斑片状阴影。

问题： 1. 患者当前主要的护理问题。

2. 针对护理问题提出相应的护理措施。

一、概述

肺炎（pneumonia）是指终末气道、肺泡和肺间质的炎症，与病原体感染、理化因素、免疫损伤、过敏及药物等有关。尽管新的强效抗生素不断投入应用，但其发病率和病死率仍很高，其原因可能与病原体变迁、病原学诊断困难、易感人群结构改变、医院获得性肺炎发病率增高等有关。老年肺炎具有起病隐匿、症状不典型的特点，易与其他慢性病表现混淆而漏诊、误诊。老年人、伴有基础疾病或免疫功能低下者，如 COPD、

笔记栏

应用免疫抑制药、久病体衰、糖尿病、尿毒症等并发肺炎时病死率高。

（一）病因

老年肺炎大多数是病原体感染引起的，以细菌为主，或病毒感染合并细菌感染。细菌感染类则以革兰阳性球菌居多，且多为混合性细菌感染。但革兰阴性杆菌也很重要，特别在衰弱的老年患者更为多见。某些物理化学和过敏因素亦可引起肺炎。放射线可以损伤软组织，发生炎性反应。另外，各种原因所致吞咽困难常引起误吸也是诱发肺炎的原因之一。

（二）分类

肺炎可根据病因、患病环境、解剖加以分类。

1. 病因分类

（1）细菌性肺炎：如肺炎链球菌、金黄色葡萄球菌、肺炎克雷伯菌、溶血性链球菌、流感嗜血杆菌、铜绿假单胞菌肺炎等引起的肺炎。

（2）病毒性肺炎：如冠状病毒、腺病毒、流感病毒、呼吸道合胞病毒、麻疹病毒、巨细胞病毒、单纯疱疹病毒等引起的肺炎。

（3）非典型病原体所致肺炎：包括军团菌、支原体和衣原体等引起的肺炎。

（4）肺真菌病：包括白色念珠菌、曲霉菌、隐球菌、肺孢子菌等引起的肺炎。

（5）其他病原体所致肺炎：如立克次体、弓形虫、寄生虫等引起的肺炎。

（6）理化因素所致肺炎：如放射性损伤引起的放射性肺炎，胃酸吸入引起的化学性肺炎，对吸入或内源性脂类物质产生炎症反应的类脂性肺炎等。

2. 患病环境分类

（1）社区获得性肺炎（cmomunitiy acquired pneumonia，CAP）：也称院外肺炎，是指在入院前或入院 48 小时内发生的肺炎。多由细菌感染引起，常见于肺炎链球菌感染。

（2）医院获得性肺炎（hospital acquired pneumonia，HAP）：简称医院内肺炎，是指入院时不存在，入院 48 小时后发生的肺炎。以吸入性肺炎多见，与口咽部定植菌有关。常见病原体是肺炎链球菌、流感嗜血杆菌、金黄色葡萄球菌、铜绿假单胞菌、大肠杆菌、肺炎克雷伯杆菌等。除了医院，在老年护理院和慢性病护理院生活的人群肺炎易感性亦高，临床特征和病因分布介于 CAP 和 HAP 之间，可按 HAP 处理。

3. 解剖分类

（1）大叶性肺炎：主要由于细菌感染所致，致病菌多为肺炎链球菌。典型表现为肺实质炎症，可累及肺叶或肺段。

笔记栏

（2）小叶性肺炎：常继发于支气管炎、支气管扩张、上呼吸道病毒感染后及长期卧床的危重患者。其病原体包括肺炎链球菌、葡萄球菌、病毒、真菌、支原体等，炎症累及细支气管、终末细支气管和肺泡，常发生于肺下叶。

（3）间质性肺炎：以肺间质炎症为主，可由细菌支原体、衣原体、病毒或卡氏肺孢子虫等引起。炎症累及支气管壁、支气管周围间质组织及肺泡壁。呼吸道症状较轻，异常体征较少。本病大部分预后良好，免疫功能低下者预后较差，其主要死因为感染性休克。

二、护理评估

（一）健康史

了解有关病因，如有无着凉、淋雨、劳累等诱因，有无呼吸道感染史；有无COPD、糖尿病等慢性病史；有无吞咽功能障碍、留置鼻饲管史等；是否长期卧床，有无长期住院病史；是否行气管插管、气管切开、机械通气等治疗；是否使用过抗生素、激素、免疫抑制药等；是否吸烟，吸烟量多少。

（二）身体状况

1. 症状 CAP多有上呼吸道感染症状，继而出现咳嗽、咳黄黏痰等。HAP常发生在慢性肺部疾病的基础上，原有呼吸道症状加重，大量痰液不易咳出，容易发生休克、肺水肿、呼吸衰竭等并发症。

2. 体征 呼吸频率加快，胸部病变叩诊呈浊音或实音，听诊有肺泡呼吸音减弱或管样呼吸音，肺部多闻及湿啰音。

3. 各类肺炎特点

（1）肺炎链球菌肺炎：由肺炎链球菌引起，多有病毒感染、疲劳、精神刺激史，半数病例有数日的上呼吸道感染的先驱症状。起病多急骤，高热伴寒战，体温升高达39～40℃，咳嗽、血痰及胸痛，X线胸片呈肺段或肺叶急性炎性实变。老年人或应用肾上腺皮质激素者，发热可不高但病情严重。患者感觉全身肌肉酸痛，患侧胸部疼痛，可放射到肩部、腹部。咳嗽、痰少、可带血丝或呈铁锈色。胃纳锐减，偶有恶心、呕吐、腹痛或腹泻，但多伴有便秘。患者呈急性病容，面颊绯红，皮肤干燥，口角和鼻周可出现单纯性疱疹。当肺炎广泛，出现低氧血症，表现为气急、发绀。心率增快，有时心律不齐，感染加重可伴有休克和神经症状，如神志模糊、烦躁不安、嗜睡、昏迷等，应密切观察。

（2）葡萄球菌肺炎：常发生于存在基础疾病，如糖尿病、血液病、获得性免疫缺陷

笔记栏

综合征（艾滋病）、慢性肝病或原有支气管肺疾病者。起病多急剧，可有寒战、高热、胸痛、咳嗽、咳痰，痰为脓性，量多，带血丝或呈粉红色乳状，常伴有头痛、全身肌肉酸痛、乏力等。病情严重者早期即可出现恶心、呕吐、腹泻、腹胀、烦躁不安、神志模糊、谵妄甚至昏迷等周围循环衰竭症状。院内感染者通常起病较隐匿，体温逐渐上升，且有脓痰。

（3）肺炎杆菌肺炎：又称克雷伯菌肺炎，是由肺炎克雷伯菌（革兰阴性杆菌）引起的急性肺部炎症，多见于老年营养不良，慢性酒精中毒，已有慢性支气管–肺疾病和全身衰竭的患者。本病起病急剧，有高热、咳嗽、痰量多、胸痛，可有发绀、气促、心悸、畏寒，可早期出现虚脱。临床表现类似严重的肺炎球菌肺炎，但痰质黏稠脓性，量多，带血，灰绿色或红砖色，胶冻状，老年体衰患者有急性肺炎，中毒性症状严重，且有血性黏稠痰者须考虑本病。

（4）肺炎支原体肺炎：一般起病较为缓慢，以儿童及青少年发病居多，老年人偶可见到。起病初可有乏力、头痛、咽痛、咳嗽、发热、食欲缺乏、腹泻、肌肉酸痛等表现。2～3 天后出现明显的呼吸道症状，如阵发性刺激性咳嗽，咳少量黏痰或黏液脓性痰，有时痰中带血。发热可持续 2～3 周，多无胸痛，约有 1/3 病例症状不明显。

（5）病毒性肺炎：临床症状通常较轻，与支原体肺炎的症状相似。起病较急，发热、头痛、全身酸痛、乏力等较为突出，逐渐出现咳嗽、咳少量白色黏液痰、咽痛等呼吸道症状，少有胸痛。婴幼儿及老年人易发生重症病毒性肺炎，表现为呼吸困难、发绀、嗜睡、精神萎靡，严重者可发生休克、心力衰竭、呼吸衰竭等并发症。

（三）心理社会状况

由于害怕疾病进一步发展危及生命，或因住院治疗及长期用药造成经济负担、需要别人照顾、担心给子女添麻烦，老年患者常表现出烦躁、焦虑的情绪。

（四）辅助检查

1. **血常规**　白细胞计数升高、中性粒细胞核左移、淋巴细胞升高。

2. **胸部 X 线检查**　有无肺纹理增粗、炎性浸润影等。

3. **痰培养**　可查到病原体，是确诊的主要依据。医院获得性肺炎常查到革兰阴性杆菌。

4. **血气分析**　PaO_2 偏低或降低，重症 $PaCO_2$ 升高。

（五）治疗要点

针对老年人抵抗力薄弱与肺呼吸功能衰退的特点，肺炎一旦确诊，应立即采取综合

笔记栏

措施，积极治疗。

1. 抗菌药物的应用 抗感染治疗是肺炎治疗的最主要环节。需早期、足量、联合用药，疗程应适当延长。肺炎链球菌性肺炎首选青霉素 G。如果青霉素过敏，可选用红霉素、林可霉素等；葡萄球菌肺炎首选半合成青霉素或头孢菌素；肺炎杆菌肺炎首选氨基糖苷类抗生素，如庆大霉素、妥布霉素等，哌拉西林与氨基糖苷类联用效果亦佳。肺炎支原体肺炎首选红霉素，亦可选用多西环素、克拉霉素和氟喹诺酮类；病毒性肺炎原则上不用抗菌药物，明确合并感染方可选用，可应用抗病毒药，如利巴韦林、阿昔洛韦等。重症肺炎的治疗首先应选择广谱的强力抗菌药物，并应足量、联合用药。应根据细菌药物敏感试验结果随时调整，用药过程中注意过敏反应，如肝、肾功能损害及耳毒性等不良反应。抗菌药物疗程一般为 5～7 天，或在退热后 3 天停药。

2. 稀释痰液及排痰 引流痰液是控制感染的关键，一方面可多饮水，使痰液稀释，另一方面口服祛痰药及雾化治疗，卧床患者定时翻身、叩背、鼓励咳嗽，以促进排痰。

3. 支持疗法 患者应注意卧床休息，补充足够的蛋白质、热量和维生素等。观测体温、呼吸、心率、血压及尿量，注意可能发生的休克。有明显胸痛时，可用镇痛药，如可卡因 15mg，可予缓解。尽量不用阿司匹林或其他退热药，以免大量出汗，如高热必须使用，则要保证补充足够水分，避免脱水。水分要充足，每日饮水 1000～2000ml，轻症患者可不予常规输液，明确有脱水者，可输液。中等或重症患者或有 CO_2 潴留的患者，应给予吸氧。如有失眠或烦躁不安，可服地西泮 5mg，不用抑制呼吸的镇静药。

三、主要护理问题/医护合作性问题

1. 清理呼吸道无效 与肺部炎症、大量脓痰、咳嗽无力有关。

2. 气体交换受损 与气道内分泌物增加、肺实变等导致通气功能下降有关。

3. 焦虑 与呼吸困难、担心病情加重等有关。

4. 活动无耐力 与呼吸困难、乏力、倦怠等有关。

5. 潜在并发症 感染性休克。

四、护理措施

1. 一般护理

（1）环境：室内应阳光充足、空气新鲜。每日室内通风 2 次，每次 15～30 分钟，但要注意避免患者受凉。病房环境保持清洁、整齐、安静和舒适，并适当限制探视。病室环境及用具按规定消毒，室温应保持在 18～20℃，湿度在 55%～60%为宜，以防止

笔记栏

空气过于干燥而降低气管纤毛运动的功能，从而导致排痰不畅。

（2）饮食：及时补充营养和水分。高热时消化吸收能力减低，机体分解代谢增加，碳水化合物、蛋白质、脂肪及维生素等营养物质消耗增多，故应给予高热量、高蛋白、维生素丰富、易消化的流质或半流质饮食。鼓励患者多饮水，每日摄水量应在 2000ml 以上。高热、暂不能进食者则需静脉补液，但须注意控制滴速，以免引起肺水肿。

（3）休息与活动：急性期要强调卧床休息的重要性，尤其对于体温尚未恢复正常的患者。卧床休息可以减少组织耗氧量，利于机体组织的修复。协助患者取半卧位，以增加通气量，减轻呼吸困难。

2. 病情观察 观察患者生命体征、意识状态，注意呼吸的频率、节律、深度，有无呼吸困难，能否顺利排痰。注意观察有无早期休克征象，水、电解质紊乱以及呼吸衰竭、心律失常等并发症，及时发现，报告给医生，并做好抢救护理措施。

3. 保持呼吸道通畅，纠正缺氧 观察咳嗽、咳痰的程度，痰液的性质等病情变化。鼓励患者咳嗽，协助翻身叩背及深呼吸运动均可促进排痰。对于有呼吸困难、发绀者给予半卧位，及时吸氧。

知识链接

协助排痰技术

1. 拍背排痰 咳嗽无力患者，在做呼吸练习前，护理人员可把手并拢握成杯状放在患者背部，自下而上，由外向内规律地拍击背部 10 分钟左右，注意用力适度，避免患者出现疼痛不适感。

2. 咳嗽训练 患者取坐位，深而慢地呼吸，屏气 3～5 秒后用口呼气，之后深吸气再屏住呼吸 3～5 秒，做两次短而有力的咳嗽，利于痰液咳出。

4. 用药护理 督促患者按时服药，注意观察抗菌药物疗效和毒副作用。头孢类可出现发热、皮疹、过敏性休克，喹诺酮类偶见皮疹、恶心等，大环内酯类有胃肠道反应，氨基糖苷类有耳毒性、肾毒性，故老年人或肾功能减退者应特别注意耳鸣、头晕、唇舌麻木等不良反应。

5. 保持口腔、皮肤的清洁 高热时，由于水分消耗过多及胃肠道消化吸收障碍，导致体液不足。唾液分泌减少，引起口腔黏膜干燥、口唇干裂、出现疱疹、炎症甚至口腔溃疡。因此，应定时清洁口腔，保持口腔的清洁湿润。在清晨、餐后及睡前协助患者漱口，口唇干裂可涂润滑油保护。口唇疱疹者局部涂抗病毒软膏，防止继发感染。患者退热时，出汗较多，应勤换床单、衣服，保持皮肤干燥、清洁。

6. 对症护理 高热时予以物理降温，如温水、乙醇（酒精）擦浴，头戴冰帽，头

笔记栏

部或大动脉走行处冰袋冷敷，冷（温）盐水灌肠等措施。降温措施实施30分钟后应观察、记录降温效果。必要时可遵医嘱应用药物降温，如阿司匹林、对乙酰氨基酚，并注意观察药物副作用。同时补充足够水分，避免脱水。对烦躁不安、谵妄者可按医嘱给地西泮、水合氯醛等镇静药。

7. 并发症护理 密切观察生命体征和病情变化，当出现高热骤降至常温以下、脉搏细速、脉压变小、呼吸浅快、烦躁不安、面色苍白、肢冷出汗、尿量减少等早期休克征象时，应注意并发感染性休克，应及时通知医生，准备药品，配合抢救。

8. 心理护理 老年肺炎患者多伴有其他疾病，情绪低下、精神紧张，要重视心理护理，给予安慰鼓励，使其积极配合治疗。

五、健康教育

1. 预防指导 增加营养的摄入，保证充足的睡眠时间，避免过度劳累，生活有规律，劳逸结合。房间应有良好的通风，以减少空气污染。平时应注意锻炼身体，加强耐寒锻炼，预防上呼吸道感染。要注意天气变化，随时增减衣服。避免受凉、淋雨、吸烟、酗酒等诱发因素。对年老体弱和免疫功能减退者，如糖尿病、慢性肺病、慢性肝病等，有条件时可注射流感疫苗或23价肺炎球菌多糖疫苗，有感染征象时及时就诊。

2. 知识宣教 向患者告知肺炎的基本知识，了解肺炎的病因、诱因、病程及诊疗措施，以便减轻心理反应，配合治疗。对于老年肺炎的防治，有效控制感染和促进排痰、保持呼吸道畅通是关键。应告知患者勤翻身拍背的重要性，取得患者及家属的理解和配合。对于意识清醒的患者，尽量鼓励其自行翻身、床上活动。对于上肢肌力正常的患者，可以让其用上肢支撑坐起，做些力所能及的活动，如吃饭、洗漱、穿衣服、功能锻炼等。上肢肌力稍差的患者，可以利用吸管喝水或漱口。

3. 病情监测 急性期每3～5天复诊1次，恢复期每隔1～2周复诊2次；有高热不退、气急加重、口唇发绀等，要随时来院复诊。经常改变体位，翻身叩背，排出痰液，有感染征象时及时就诊。遵医嘱按时服药，防止自行停药或减量，定期随访。

任务二 慢性阻塞性肺疾病患者的护理

案例 2-2

患者，男性，72岁。反复咳嗽、咳痰、喘息20余年，活动后气促5年，加重1周。20余年前受凉后出现咳嗽、咳痰、喘息，予抗炎、止咳、平喘对症治疗后好转，此后每年多于秋冬季或者受凉后发病，每次病程持续2～3个月。于5年前出现活动后气促，

笔记栏

逐渐加重，现休息时也感胸闷气短。平素常服茶碱片治疗。1周前受凉后咳嗽、咳痰、喘息加重，伴呼吸困难。既往史：否认高血压、冠心病、糖尿病病史。吸烟40余年，每日1～2包。否认药物过敏史。体格检查：T 36.8℃，P 110次/分，R 26次/分，BP 135/85mmHg。神志清楚，营养一般，皮肤弹性稍差。呼吸急促，口唇发绀，胸廓呈桶状，呼吸运动减弱。语颤减弱，叩诊呈过清音，心浊音界不易叩出，肺下界和肝浊音界下移，呼吸音减弱，两肺可闻及广泛干、湿啰音和喘鸣音，心律齐，心率110次/分。腹软、肝脾未及，肝颈静脉反流征（–），两下肢无水肿。实验室检查：WBC9.6×10^9/L，N86%。胸部X线检查：肋间隙增宽，两肺透亮度增加，肺血管纹理增多、增粗且紊乱。

问题： 1. 患者当前主要的护理问题。

2. 针对护理问题提出相应的护理措施。

一、概述

慢性阻塞性肺疾病（chronic obstructive pulmonary disease，COPD）是一组以气流受限为特征的肺部疾病，气流受限不完全可逆，呈进行性发展，主要累及肺部，也可引起肺以外各器官的损害，可并发慢性肺源性心脏病。COPD是呼吸系统疾病中的老年常见病和多发病，患病率和病死率均居高不下。老年人和免疫功能低下者易感，发病率高，每年发病一次至数次，病程持续时间长。因肺功能进行性减退，严重影响患者的劳动力和生活质量，最终导致呼吸衰竭，预后不良。

COPD与慢性支气管炎及肺气肿密切相关。慢性支气管炎（慢支）是指支气管壁的慢性、非特异性炎症。如患者每年咳嗽、咳痰达3个月以上，连续2年或以上，并排除已知原因的慢性咳嗽，即可诊断为慢性支气管炎。肺气肿是指肺部终末细支气管远端气道出现异常持久的扩张，并伴有肺泡壁和细支气管的破坏而无明显肺纤维化。当慢性支气管炎和（或）肺气肿患者肺功能检查出现气流受限并且不能完全可逆时，则诊断为COPD。

（一）病因

1. 吸烟　吸烟为重要的发病因素。吸烟时间越长，吸烟量越大，COPD患病率越高。香烟可损伤气道上皮细胞和纤毛运动，促使支气管黏液腺和杯状细胞增生肥大，黏液分泌增多，使气道净化能力下降，还可使氧自由基产生增多，诱导中性粒细胞释放蛋白酶，破坏肺弹力纤维，诱发肺气肿形成。

2. 职业粉尘和化学物质　如烟雾、变应原、工业废气及室内空气污染等，浓度过高或时间过长时，均可产生与吸烟类似的COPD。

笔记栏

3. 空气污染 二氧化硫、二氧化氮、氯气等有害气体损伤气道黏膜和细胞毒作用。

4. 感染因素 与慢性支气管炎类似，感染亦是COPD发生发展的重要因素之一。长期、反复的感染可破坏气道正常的防御功能，损伤细支气管和肺泡。

5. 蛋白酶-抗蛋白酶失衡 在正常情况下，弹性蛋白酶与其抑制因子处于平衡状态。蛋白酶增多或抗蛋白酶不足均可导致组织结构破坏产生肺气肿。

6. 其他 机体的内在因素如呼吸道防御功能及免疫功能降低、自主神经功能失调、营养、气温的变化等可能参与COPD的发生、发展。

（二）病理变化

COPD的病理改变主要为慢性支气管炎和肺气肿的病理改变。支气管黏膜上皮细胞变性坏死、溃疡形成。纤毛倒伏、变短、不齐、粘连，部分脱落。各级支气管壁有炎症细胞浸润，以浆细胞、淋巴细胞为主。肺气肿的病理改变可见肺过度膨胀，弹性减退，表面可见多个大小不一的大泡。按累及肺小叶的部位，将阻塞性肺气肿分为小叶中央型、全小叶型及给予两者之间的混合型三类。

COPD对呼吸功能的影响，早期病变仅局限于细小气道时，闭合容积增大，反映肺组织弹性阻力及小气道阻力的动态肺顺应性降低。病变侵入大气道时，肺通气功能明显障碍，最大通气量降低。随着肺气肿加重，大量肺泡周围的毛细血管受膨胀肺泡挤压而退化，使毛细血管大量减少，肺泡间的血流量减少，导致通气与血流比例失调。部分肺泡虽有血液灌流，但通气不良，导致换气功能障碍。通气和换气功能障碍引起缺氧和二氧化碳潴留，进而发展为呼吸衰竭。

二、护理评估

（一）健康史

评估患者的发病情况。询问患者有无吸烟史，烟龄多长及每日吸烟量，是否有长期接触粉尘、有害气体、刺激性烟雾史。了解本次发病的诱因，是否与呼吸道感染有关，或与空气污染、受凉、过度劳累有关。平素身体健康状况如何，有无其他慢性疾病。了解患者以前有无类似情况，第一次发病距现在的时间间隔，每次发病持续时间，既往诊治经过。评估患者目前饮食、睡眠以及大小便情况，并评估患者的活动能力。

（二）身体状况

1. 症状 起病缓慢，病程较长。

笔记栏

（1）慢性咳嗽：随病程发展可终身不愈。常晨间咳嗽明显，夜间有阵咳或排痰。

（2）咳痰：一般为白色黏液或浆液性泡沫性痰，偶可带血丝，清晨排痰较多。急性发作期痰量增多，可有脓性痰。

（3）气短或呼吸困难：早期在劳力时出现，后逐渐加重，在日常活动甚至休息时也感到气短，是 COPD 的标志性症状。

（4）喘息和胸闷：部分患者特别是重度患者或急性加重时出现喘息。

（5）其他：晚期患者有体重下降、食欲减退等。

知识链接

呼吸困难分级

功能性呼吸困难可用呼吸困难分级量表评价：

0 级：除非剧烈运动，无明显呼吸困难。

1 级：当快走或上缓坡时有气短。

2 级：因呼吸困难而比同龄人步行慢，或者以自己的速度在平地上行走时需要停下来呼吸。

3 级：在平地上步行 100 米或数分钟后需要停下来呼吸。

4 级：明显的呼吸困难而不能离开房间或者穿脱衣服即可引起气短。

2. 体征　早期可无异常，随疾病进展出现以下体征：视诊有桶状胸，呼吸变浅、频率增快，呼吸运动减弱，触诊语颤减弱或消失；叩诊呈过清音，心浊音界缩小，肺下界和肝浊音界下移，听诊呼吸音减弱，呼气延长，并发感染时，肺部可有湿啰音，合并哮喘时可闻哮鸣音。

3. 并发症

（1）慢性呼吸衰竭：常在 COPD 急性加重时发生，其症状明显加重，发生低氧血症和（或）高碳酸血症，可有缺氧和二氧化碳潴留的临床表现。

（2）自发性气胸：如有突然加重的呼吸困难，并伴有明显的发绀，患侧肺部叩诊为鼓音，听诊呼吸音减弱或消失，应考虑并发自发性气胸，通过 X 线检查可以确诊。

（3）慢性肺源性心脏病：由于 COPD 肺病变引起肺血管床减少及缺氧致肺动脉痉挛，血管重塑，导致肺动脉高压，右心室肥厚扩大，最终发生右心功能不全。

（三）心理社会状况

由于 COPD 病程长、反复发作，使患者劳动能力、生活质量受到影响，家庭经济负担较重，因而患者易产生焦虑、抑郁、悲观等情绪，或担心治疗费用而不能很好地配

笔记栏

合治疗。应了解患者和家属的心理反应和对疾病的认识、评估家庭支持系统的状况。

（四）辅助检查

1. 肺功能检查 是判断气流受限的主要客观指标，对COPD诊断、严重程度评价、疾病进展、预后及治疗反应等有重要意义。

（1）FEV_1/FVC与FEV_1占预计值的百分数，分别为评价气流受限的敏感指标和评估COPD严重程度的良好指标，吸入支气管舒张药后FEV_1/FVC<70%及FEV_1<80%预计值者，可确定为不能完全可逆的气流受限。

（2）肺总量（TLC）、功能残气量（FRC）和残气量（RV）增高，肺活量（VC）减低，表明肺过度充气，有参考价值。

（3）一氧化碳弥散量（DL_{co}）及其与肺泡通气量（VA）比值下降，对诊断有参考价值。

2. 胸部X线检查 COPD早期胸片可无变化，以后可出现肺纹理增粗、紊乱等非特异性改变，也可出现肺气肿改变。X线胸片改变对COPD诊断特异性不高，主要作为确定肺部并发症及与其他肺疾病鉴别之用。

3. 血气检查 对确定低氧血症、高碳酸血症、酸碱平衡失调以及判断呼吸衰竭的类型有重要价值。

4. 其他 COPD并发细菌感染时，外周血白细胞增高，核左移。痰培养可能检出病原菌。常见病原菌为肺炎链球菌、流感嗜血杆菌、卡他莫拉菌、肺炎克雷伯杆菌等。

（五）治疗要点

1. 稳定期治疗 主要目的是减轻症状，阻止COPD病情发展，缓解或阻止肺功能下降，改善COPD患者的活动能力，提高其生活质量，降低死亡率。

（1）戒烟。

（2）支气管舒张药：沙丁胺醇气雾剂、茶碱缓释片等，可明显改善生活质量。

（3）祛痰药：如氨溴索（沐舒坦）、氯化铵等，促进排痰，保持呼吸道通畅。

（4）长期家庭氧疗：可提高COPD慢性呼吸衰竭者生存质量和生存率，对血流动力学、运动能力、肺生理和精神状态均会产生有益的影响。对有明显缺氧者可采用长期家庭输氧疗法，或用轻便氧气筒随身携带，在日常活动或锻炼时，用鼻导管或鼻塞吸入，可防止PaO_2的急剧变化，减轻心脏负荷，改善体质，提高运动耐量。

（5）长期吸入糖皮质激素：适合与哮喘并存的患者，重度和极重度患者，反复加重的患者。

笔记栏

（6）康复治疗：具体包括呼吸生理治疗、肌肉训练、营养支持、精神治疗与教育等多方面措施。

（7）免疫调节治疗：适当可应用增强免疫的药物。

2. 急性加重期治疗

（1）控制性氧疗：是基础治疗。低流量吸氧（1～2 L/分），可鼻导管或面罩给氧。

（2）控制呼吸道感染：急性发作期并发呼吸道感染时，选用适当的抗菌药物，无药敏史的患者可用氨苄西林（氨苄西林）等，感染严重时可用喹诺酮类或头孢类药物静脉滴注。

（3）支气管舒张药：同稳定期，严重者可较大剂量雾化吸入，可静脉用茶碱类药物。

（4）糖皮质激素：对急性加重期患者可考虑口服或静脉应用。

（5）祛痰药：溴已新（溴已新）、氨溴索（沐舒坦）等可酌情选用。

（6）机械通气：呼吸机辅助通气，严重呼吸衰竭患者使用。

（7）其他：合理补充液体和电解质，注意补充营养，必要时可肠外营养治疗。积极排痰治疗，保持足够体液，叩背、吸痰、体位引流等，加强护理。

三、主要护理问题/医护合作性问题

1. **清理呼吸道无效** 与呼吸道分泌物多而黏稠、咳嗽无力有关。
2. **气体交换受损** 与呼吸道阻塞、肺组织弹性下降、通气功能障碍有关。
3. **有感染的危险** 与痰液量多、黏稠不易排出有关。
4. **活动无耐力** 与呼吸困难、缺氧有关。
5. **潜在并发症** 感染性休克。

四、护理措施

1. 一般护理

（1）环境：居室应注意定时通风换气，保持室内空气清新，调节适宜的温度、湿度。冬季注意保暖，避免直接吸入冷空气。

（2）饮食：了解患者喜爱的食物及饮食习惯，给予患者高热量、高蛋白、高维生素的易消化饮食，以提高机体的抵抗力。避免过冷、过热、产气食物或引起便秘的食物，以防因腹胀而影响膈肌运动。协助患者进餐，在患者饥饿和休息最好的时间进餐，餐前至少休息 30 分钟，餐前和进餐时避免过多饮水，餐前和咳嗽后漱口，餐后避免平卧，进餐时固定好鼻导管。

笔记栏

（3）休息与活动：急性发作期应以卧床休息为主，协助患者取舒适体位，晚期患者宜采取身体前倾位，使用辅助呼吸机参与呼吸。每日评估患者体力状况，生活上给予照顾，协助患者床上被动运动或指导主动运动，视病情安排适当的活动量，活动以不感到疲劳、不加重症状为宜。缓解期可根据病情合理安排休息与活动量。

2. 病情观察 监测患者生命体征，观察患者咳嗽，咳痰，痰液的色、量及性状，咳痰是否顺畅；呼吸困难的程度，甲床、口唇及皮肤黏膜发绀情况，神志、尿量等。协助患者翻身，鼓励其进行有效的咳嗽，排出痰液；还要指导患者进行腹式呼吸与呼吸操训练，通过锻炼以改善肺功能。检测动脉血气分析指标及水、电解质和酸碱平衡状况。

3. 对症护理 如有发热可给予药物或物理（冷敷、乙醇擦浴等）降温，监测体温。如喘息严重，及时吸入气雾剂，及时氧疗。

4. 促进排痰 指导患者多饮水或超声雾化吸入湿化气道，协助患者胸部叩击和体位引流，指导患者有效咳痰，如晨起时或就寝前咳嗽时，患者取坐位，头略前倾，双肩放松、屈膝、前臂垫枕，如有可能应使双足着地，有利于胸腔的扩展，增加咳痰的有效性。咳痰后恢复坐位，进行放松性深呼吸。COPD 患者容易疲劳，充分休息对有效咳痰十分必要。

5. 氧疗护理 对呼吸困难伴低氧血症者，应采用鼻导管低流量持续给氧，流量为1～2 L/分。严重呼吸困难者，可通过面罩加压呼吸机辅助呼吸，必要时建立人工呼吸道。密切注意患者吸氧后的变化，如观察患者的意识状态、呼吸的情况和动脉血气结果。氧疗有效的指标：呼吸困难减轻，呼吸频率减慢；发绀减轻；心悸缓解，活动耐力增加。

6. 用药护理 遵医嘱应用抗生素、支气管舒张药和祛痰药物，指导患者正确使用气雾剂和其他药物，注意观察疗效及不良反应。尽量避免使用可待因，因其可抑制中枢和加重呼吸道阻塞和炎症。

7. 呼吸功能锻炼 指导患者进行缩唇呼吸或腹式呼吸，加强呼吸肌肌力和耐力，改善呼吸功能。缩唇呼吸和腹式呼吸每日训练 3～4 次，每次重复 8～10 次。

8. 心理护理 鼓励患者正视疾病，认识 COPD 是影响老年人健康的常见疾病，指导患者和家属了解疾病知识，并以积极的心态对待疾病，如放慢思维、控制呼吸、眺望远处、外出散步、听音乐或培养养花种草等爱好，以分散注意力，减少孤独感，缓解焦虑、紧张的精神状态。

五、健康教育

1. 预防指导 避免发病诱因，如戒烟、改善环境卫生、加强劳动保护等。积极预

笔记栏

防呼吸道感染，安排合理的休息和活动。使患者理解预防为主、康复锻炼的意义，充分发挥患者进行康复锻炼的主观能动性，制订个体化的锻炼计划，选择空气新鲜、安静的环境，进行步行、慢跑、气功等体育锻炼。在潮湿、大风、严寒气候时，避免室外运动。教会患者及家属依据呼吸困难与活动的关系，判断呼吸困难的严重程度，以便合理地安排生活。同时要坚持长期呼吸功能锻炼和家庭氧疗。

2. 知识宣教　指导患者了解 COPD 的相关知识，使其认识到疾病虽然是不可逆的，但积极治疗和护理可减少急性发作，改善呼吸功能，延缓病情发展，提高生活质量。指导其以积极的心态对待疾病，持之以恒地配合治疗和护理。

护士应指导患者和家属做到家庭氧疗：①了解氧疗的目的、必要性及注意事项；②注意安全：供氧装置周围严禁烟火，防止氧气燃烧爆炸；③氧疗装置定期更换、清洁、消毒。

3. 病情监测　注意呼吸困难的程度，如有呼吸加快、口唇发绀、心悸胸闷、乏力气短、难以平卧等症状，要立即吸氧，及时就医，以缓解缺氧状态，预防呼吸衰竭发生。

任务三　慢性肺源性心脏病患者的护理

案例 2-3

患者，男性，70 岁。反复咳嗽、咳痰 20 余年，气促 4 年，下肢水肿 1 天。20 年前出现咳嗽、咳痰，痰液量不多，每于秋冬季节发作，诊治后症状缓解，但易反复。4 年前出现劳累后气促，休息后缓解，逐渐发展到休息时也感气急。1 天前受凉后咳嗽、咳痰明显，气急加重，并出现双下肢水肿，神志不清，家人送入院。睡眠尚可，大小便无异常。既往无肝炎、肾炎等病史。吸烟 30 多年，每日 20 支。体格检查：T38.8℃，P96 次/分，BP140/80mmHg。神志模糊，谵妄，脸色潮红，口唇发绀。球结膜淤血水肿，颈静脉怒张，肝颈静脉回流征（+）。桶状胸，叩诊过清音，肺下界下移，两肺呼吸音减弱，呼气延长，双肺布满干啰音，左下肺可闻及水泡音。三尖瓣听诊区可闻及 2/6 级收缩期柔和、吹风样杂音。腹软，肝右肋下 2cm 可触及，质中，无压痛。双下肢凹陷性水肿。

问题： 1. 患者当前主要的护理问题。

2. 针对护理问题提出相应的护理措施。

一、概述

慢性肺源性心脏病（chronic pulmonary heart disease）简称慢性肺心病，指由于肺组

笔记栏

织、肺血管或胸廓的慢性病变引起肺组织结构和（或）功能异常，产生肺血管阻力增加，肺动脉压力增高，使右心室扩张和（或）肥厚，伴或不伴右心功能衰竭的心脏病，并排除先天性心脏病和左心病变引起者。

慢性肺心病是我国中老年人的常见病，患病年龄多在40岁以上，且随年龄增高患病率增加。本病患病率存在地区差异，寒冷地区高于温暖地区，高原地区较平原地区高，农村高于城市。并随年龄增高而增加。吸烟者比不吸烟者患病率明显高，男女无明显差异。冬春季节和气候骤变时，易出现急性发作。

（一）病因

按原发病的部位不同，分为三类：

1. 支气管、肺疾病 慢性阻塞性肺疾病最多见，占80%～90%，其次为支气管哮喘、支气管扩张症、重症肺结核、肺尘埃沉着症、间质性肺炎等。

2. 胸廓运动障碍性疾病 较少见，严重脊椎侧后凸、脊椎结核、类风湿关节炎、胸膜广泛粘连及胸廓成形术后造成的严重胸廓或脊椎畸形以及神经肌肉疾患如脊髓灰质炎等，均可引起胸廓活动受限、肺受压、支气管扭曲或变形，导致肺功能受损。气道引流不畅，肺部反复感染，并发肺气肿或纤维化。

3. 肺血管疾病 慢性血栓栓塞性肺动脉高压、肺小动脉炎、原发性肺动脉高压等引起肺血管阻力增加、肺动脉高压和右心室负荷加重，发展为慢性肺心病。

4. 其他 原发性肺泡通气不足及先天性口咽畸形、睡眠呼吸暂停低通气综合征等均可产生低氧血症，引起肺血管收缩，导致肺动脉高压，发展成慢性肺心病。

（二）发病机制

慢性阻塞性肺病引起机体缺氧，使肺小动脉痉挛、肺血管床面积减少，致肺循环阻力增加，发生肺动脉高压。慢性缺氧引起血黏度增加，血流阻力增加，因缺氧，肾小动脉痉挛收缩、醛固酮分泌增加均促使水钠潴留，进一步升高肺动脉压。肺动脉压的升高致右心负荷加重，早期右心室发生代偿性肥厚，随病情发展，心脏储备能力减退，心肌退行性变，当肺动脉压进一步升高，超过右心室的负荷时终致右心衰竭发生。

二、护理评估

（一）健康史

评估患者的发病情况。询问患者是否有慢性肺疾病病史，有无吸烟史，烟龄多长及每日吸烟量。了解本次发病的诱因，是否与呼吸道感染有关，或与受凉、过度劳累有关。

笔记栏

平素身体健康状况如何，有无其他慢性疾病。评估患者目前饮食、睡眠以及大小便情况，有无下肢水肿。

（二）身体状况

1. 肺、心功能代偿期

（1）症状：咳嗽、咳痰、气促，活动后可有心悸、呼吸困难、乏力和活动耐力下降。急性感染可加重上述症状。

（2）体征：可有不同程度的发绀和肺气肿体征，偶有干、湿性啰音，心音遥远。有右心室肥厚的体征，部分患者可有颈静脉充盈。

2. 肺、心功能失代偿期

（1）呼吸衰竭：①症状：呼吸困难加重，夜间为甚，常有头痛、失眠、食欲下降、白天嗜睡，甚至出现表情淡漠、神志恍惚、谵妄等肺性脑病的表现。②体征：明显发绀、球结膜充血、水肿，严重时出现颅内压升高的表现，腱反射减弱或消失，出现病理反射。可出现皮肤潮红、多汗。

（2）右心衰竭：①症状：明显气促、心悸、食欲缺乏、腹胀、恶心等。②体征：发绀更明显，颈静脉怒张，心率增快。可出现心律失常，剑突下可闻及收缩期杂音，甚至出现舒张期杂音。肝大并有压痛，肝颈静脉回流征阳性，下肢水肿，重者可有腹水。少数患者可出现肺水肿及全心衰竭的体征。

（3）并发症：肺性脑病、电解质及酸碱平衡紊乱、心律失常、休克、消化道出血和弥散性血管内凝血等。

（三）心理社会状况

因久治无效，患者可出现情绪低落、对治疗缺乏信心、绝望等。评估患者及家属对疾病的认识程度、患者对治疗的需求及家庭支持系统的状况。

（四）辅助检查

1. X 线检查　除原有肺、胸基础疾病及急性肺部感染的特征外，尚有肺动脉高压征，如右下肺动脉干扩张，其横径≥15mm；其横径与气管横径比值≥1.07；肺动脉段明显突出或其高度≥3mm；中央动脉扩张，外周血管纤细，形成“残根”征；右心室增大征，皆为诊断慢性肺心病的主要依据。

2. 心电图检查　主要表现有电轴右偏、肺性 P 波，也可见右束支传导阻滞及低电压图形，可作为慢性肺心病的参考条件。

3. 超声心动图检查　右心室流出道内径≥30mm、右心室内径≥20mm、右心室前

笔记栏

壁厚度≥5mm、左右心室内径比值<2、右肺动脉内径或肺动脉干及右心房增大等，可诊断为慢性肺心病。

4. 血气分析 慢性肺心病失代偿期可出现低氧血症或合并高碳酸血症。当 PaO_2<60mmHg 、$PaCO_2$>5 0mmHg 时，提示呼吸衰竭。

5. 血液检查 红细胞及血红蛋白可升高，全血及血浆黏滞度增加；合并感染时白细胞总数增高，中性粒细胞增加。部分患者可有肝肾功能的改变。

6. 其他 肺功能检查对早期或缓解期慢性肺心病患者有意义。痰细菌学检查可指导抗生素的选用。

（五）治疗要点

1. 急性加重期 积极控制感染，保持呼吸道通畅，改善呼吸功能，纠正缺氧和二氧化碳潴留，控制呼吸衰竭和心力衰竭，积极处理并发症。

（1）控制感染：参考痰细菌培养及药敏试验选择抗生素。没有培养结果时，根据感染的环境及痰涂片结果选用抗生素。常用青霉素类、氨基糖苷类、喹诺酮类及头孢菌素类药物。注意继发真菌感染的可能。

（2）氧疗：保持呼吸道通畅，给予鼻导管或面罩给氧，以纠正缺氧和二氧化碳潴留。

（3）控制心力衰竭：慢性肺心病患者一般经积极控制感染，改善呼吸功能后心力衰竭便能得到改善，患者尿量增多，水肿消退，不需使用利尿药。但对治疗无效者，可适当选用利尿药、正性肌力药或血管扩张药。

（4）控制心律失常：一般经抗感染、纠正缺氧等治疗后，心律失常可自行消失。如持续存在可根据心律失常的类型选用药物。

（5）抗凝血治疗：应用普通肝素或低分子肝素防止肺微小动脉原位血栓的形成。

2. 缓解期 原则上采用中西医结合的综合治疗措施，目的是增强免疫功能，去除诱发因素，减少或避免急性加重的发生，使肺、心功能得到部分或全部恢复。如长期家庭氧疗、调节免疫功能和营养疗法等。

三、主要护理问题/医护合作性问题

1. 气体交换受损 与呼吸道阻塞、弥散面积减少引起通气与血流比例失调有关。

2. 清理呼吸道无效 与呼吸道分泌物增多、黏稠有关。

3. 低效性呼吸型态 与疾病致肺通气和换气功能障碍有关。

4. 体液过多 与右心功能不全有关。

5. 活动无耐力 与慢性缺氧、心功能不全有关。

笔记栏

四、护理措施

1. 一般护理

（1）环境：保持病室安静，有适宜的室温和湿度，定时通风换气，避免烟雾、粉尘和刺激性气体的刺激。

（2）饮食：给予高蛋白、高热量、富含维生素、易消化饮食，避免过饱及食物过咸，鼓励适当饮水，昏迷者经胃管鼻饲流质饮食。

（3）休息与活动：指导患者卧床休息，嘱患者经常翻身或变换体位。

2. 病情观察 监测患者的生命体征、意识状态，观察呼吸的频率、节律、深度，注意咳嗽、咳痰情况，观察痰液的性质及量，检查心律、心音、肝脾情况及有无下肢水肿和腹腔积液，记录 24 小时出入液量。有条件者进行床旁血气分析、血氧饱和度监测及心电监护。

3. 用药护理

（1）对二氧化碳潴留、呼吸道分泌物多的重症患者慎用镇静药、麻醉药、催眠药，如必须用药，使用后注意观察是否有抑制呼吸和咳嗽反射减弱的情况。

（2）应用利尿药后，易出现低钾、低氯性碱中毒而加重缺氧，过度脱水引起血液浓缩、痰液黏稠不易排出等不良反应，应注意观察及预防。使用排钾利尿药时，遵医嘱补钾。利尿药尽可能在白天给药，避免夜间频繁排尿而影响患者睡眠。

（3）使用洋地黄类药物时，应询问有无洋地黄用药史，遵医嘱准确用药，注意观察药物毒性反应。

（4）应用血管扩张药时，注意观察患者心率及血压情况。血管扩张药在扩张肺动脉的同时也扩张体循环动脉，往往造成血压下降，反射性心率增快、氧分压下降、二氧化碳分压上升等不良反应。

（5）使用抗生素时，注意观察感染控制的效果、有无继发性感染。

4. 氧疗护理 肺心病患者凡有明显气急、发绀，PaO_2＜60mmHg 或氧饱和度（SaO_2）＜90%者，即为氧疗的指征。Ⅰ型呼吸衰竭给予高浓度氧疗（4～6 L/min），Ⅱ型呼吸衰竭宜持续低流量（1～2 L/min）吸氧。注意观察氧疗效果，必要时人工通气。

5. 并发症护理 肺性脑病患者不宜使用镇静药或麻醉药，注意准备好抢救用物；出现心力衰竭者指导其半卧位或高枕位休息，注意输液量及速度；消化道出血患者应注意观察呕吐物或排泄物的性状及量。观察有无全身出血倾向，及时发现 DIC，及时抢救。

6. 心理护理 护士应充分理解患者心理异常表现，耐心与患者沟通，了解患者的具体想法；与患者和家属共同制订和实施康复计划，消除患者悲观情绪，增强战胜疾病

笔记栏

的信心。对表现焦虑的患者，教会其缓解方法，如听音乐、下棋、游戏等，以分散注意力，减轻焦虑。

五、健康教育

1. **预防指导** 由于慢性肺心病是各种原发肺胸疾病晚期的并发症。应对高危人群进行宣传教育，劝导戒烟，积极防治 COPD 等慢性支气管肺疾病，以降低发病率。

2. **知识宣教** 使患者和家属了解疾病发生、发展过程，减少反复发作的次数。积极防治原发病，避免和防治各种可能导致病情急性加重的诱因，坚持家庭氧疗等。加强饮食营养，以保证机体康复的需要。病情缓解期应根据肺、心功能及体力情况进行适当的体育锻炼和呼吸功能锻炼，如散步、气功、太极拳、腹式呼吸、缩唇呼吸等，改善呼吸功能，提高机体免疫功能。

3. **病情监测** 告知患者及家属病情变化的征象，如体温升高、呼吸困难加重、咳嗽剧烈、咳痰不畅、尿量减少、水肿明显或发现患者神志淡漠、嗜睡、躁动、口唇发绀加重等，均提示病情变化或加重，需及时就诊。

任务四　支气管哮喘患者的护理

案例 2-4

患者，男性，37 岁。发作性喘息、咳嗽 10 余年，再发加重 7 天。患者于 10 余年前淋雨后出现喘憋，喉中发出喘鸣音，有呼吸困难和窒息感，伴流涕、咳嗽，咳白色黏痰，在当地医院予“青霉素”“氨茶碱”等药物治疗后上述症状缓解。此后每年均反复发作喘息、咳嗽，常于 3～5 月份多发，自服“氨茶碱”治疗有效。7 天前感冒后，上述症状再发，白天及夜间均发作气促、咳嗽，活动后明显，无发热、脓痰、盗汗等症状。既往有过敏性鼻炎史，家族中其母亲有支气管哮喘病史。体格检查：T 36.5℃，P 98 次/分，R 22 次/分，BP 115/75mmHg，急性病容，神志清楚，两侧呼吸运动对称，双肺呼吸音增粗、闻及散在的哮鸣音、呼气时明显，无湿啰音，心率 98 次/分，律齐，无杂音，腹软，全腹无压痛，肝脾未触及；双下肢无水肿。血常规：Hb 130.0g/L，RBC 4.2×10^{12}/L，WBC 6.4×10^{9}/L，N 58%、L 28%、E14%。肺功能检查：FEV_1%为 60%，FEV_1/FVC 为 52%，PEF%为 58%，提示中度阻塞性通气功能障碍；支气管扩张试验阳性。

问题：1. 患者当前主要的护理问题。

2. 针对护理问题提出相应的护理措施。

笔记栏

一、概述

支气管哮喘（bronchial asthma）简称哮喘，是由多种细胞（如嗜酸性粒细胞、肥大细胞、T 淋巴细胞、中性粒细胞、气道上皮细胞等）和细胞组分参与的气道慢性炎症性疾病。这种慢性炎症与气道高反应性相关，通常出现广泛多变的可逆性气流受限，并引起反复发作性的喘息、气急、胸闷或咳嗽等症状，多数患者可自行或治疗后缓解。支气管哮喘如诊治不及时，随病程的延长可产生气道不可逆性狭窄和气道重塑，长期反复发作，可引起多种并发症，如气胸、肺不张、纵隔气肿、慢性支气管炎、肺气肿、支气管扩张、肺心病等。

哮喘的发病率近年来呈上升趋势。在我国，发病率为 1%～4%。尤其是老年人群的患病率有增高的趋势。因此需要做好对支气管哮喘患者的照护工作，了解发病因素，掌握临床表现，熟悉治疗方案，能够对该病患者制订合理的照护方案，并能够开展预防该疾病的健康教育等。

支气管哮喘的发病原因尚不完全清楚，多认为与以下因素有关。

1. 遗传因素 通过对哮喘的家族分析，已肯定哮喘与遗传有密切关系，约 40%的患者有家族史，与气道高反应性、IgE 调节和特应性反应相关的基因在哮喘的发病中起着重要作用。

2. 过敏因素 外源性哮喘大多是吸入植物的花粉、真菌孢子，动物的羽毛、皮屑、尘螨、工业粉尘、化学性气体等；或进食鱼、虾、蟹、蛋类以及牛奶等蛋白质；或接触某些药物，如青霉素等。

3. 感染 细菌、病毒、原虫或寄生虫等感染引起内源性哮喘，多由于呼吸道感染，如鼻、咽、扁桃体、肺或体内其他部位有感染病灶所致。

4. 冷空气刺激 吸入寒冷空气后，可诱发或加重支气管痉挛而引起支气管哮喘。

5. 其他诱发因素 气候变化、刺激性气体、剧烈运动、吸烟、情绪激动、精神紧张等因素刺激均可引起支气管哮喘的发作。

二、护理评估

（一）健康史

评估患者患病及治疗经过，询问患者发作时的症状、持续时间、诱发或缓解因素。了解既往和目前的检查结果、治疗经过和病情严重程度。评估与哮喘有关的病因和诱因，有无接触变应原，有无服用普萘洛尔、阿司匹林等药物史，有无受凉、气候变化、剧烈

笔记栏

运动、妊娠等诱发因素，有无哮喘家族史。

（二）身体状况

1. 症状 典型表现为发作性呼气性呼吸困难或发作性胸闷和咳嗽，伴哮鸣音，严重者呈被迫坐位或端坐呼吸，甚至出现发绀。有时咳嗽可为唯一症状（咳嗽变异型哮喘），干咳或咳大量白色泡沫样痰。哮喘症状在夜间及凌晨发作和加重常为哮喘的特征之一，可在数分钟内发作，持续数小时至数天，应用支气管舒张药后或自行缓解。

2. 体征 发作时胸部呈过度充气征象，双肺可闻及广泛的哮鸣音，呼气音延长。但在轻度哮喘或非常严重哮喘发作时，哮鸣音可不出现。严重者常出现心率增快、奇脉、胸腹反常运动和发绀。非发作期体检可无异常。

病情的严重程度分级见表 2-1。

表 2-1 哮喘急性发作时病情的严重程度分级

病情程度	临床表现	血气分析	血氧饱和度	支气管舒张药
轻度	对日常生活影响不大，步行、上楼时感气促，能平卧，说话能连续成句。呼吸频率轻度增加，呼吸末期散在哮鸣音。脉率＜100 次/分	PaO_2 正常 $PaCO_2$＜45mmHg	＞95%	能被控制
中度	日常生活受限，稍事活动便有喘息，喜坐位，讲话常有中断。呼吸频率增加，哮鸣音响亮而弥漫。脉率 100～120 次/分，有焦虑和烦躁	$PaO_2$60～80mmHg $PaCO_2$≤45mmHg	91%～95%	仅有部分缓解
重度	日常生活受限，喘息持续发作，只能单字讲话，端坐呼吸，大汗淋漓。呼吸频率＞30 次/分，哮鸣音响亮而弥漫。脉率＞120 次/分。常有焦虑和烦躁	PaO_2＜60mmHg $PaCO_2$＞45mmHg	≤90%	无效
危重	患者不能讲话，出现嗜睡、意识模糊，呼吸时，哮鸣音明显减弱或消失。脉率＞120 次/分或变慢和不规则。严重者可持续发作 24 小时以上，经一般支气管扩张药物治疗无效	PaO_2＜60mmHg $PaCO_2$＞45mmHg	＜90%	无效

（三）心理社会状况

评估患者有无烦躁、焦虑、恐惧等心理反应；有无忧郁、悲观情绪，以及对疾病治疗失去信心等。评估家属对疾病知识的了解程度和对患者关心程度、经济情况和社区医疗服务状况等。

（四）辅助检查

1. 痰液检查 痰涂片可见嗜酸性粒细胞增多。

2. 通气功能检测 发作时呈阻塞性通气功能改变，呼气流速指标显著下降，FEV_1、FEV_1/FVC 和呼气流量峰值（peak expiratory flow，PEF）均减少；肺容量指标可见用力肺活量减少、残气量、功能残气量和肺总量增加。

笔记栏

3. 支气管激发试验　用以测定气道反应性，常用吸入激发剂为醋甲胆碱、组胺。激发试验只适用于 FEV_1 占正常预计值 70%以上的患者，使用吸入激发剂后如 FEV_1 下降≥20%为激发试验阳性。

4. 支气管舒张试验　用以测定气道的可逆性，常用吸入的支气管舒张药如沙丁胺醇、特布他林等。舒张试验阳性诊断标准：①FEV_1 较用药前增加≥12%，且绝对值增加≥200ml；②PEF 较治疗前增加 60L/min 或≥20%。

5. PEF 及其变异率测定　PEF 可反映气道通气功能的变化。哮喘发作时 PEF 下降。昼夜 PEF 变异率≥20%，则符合气道可逆性改变的特点。

6. 动脉血气分析　严重发作时可有 PaO_2 降低。由于过度通气可使 $PaCO_2$ 下降，pH 上升，表现为呼吸性碱中毒。如气道阻塞严重时，可出现缺氧及 CO_2 潴留，$PaCO_2$ 上升，表现呼吸性酸中毒。如缺氧明显，可合并代谢性酸中毒。

7. 胸部 X 线检查　哮喘发作时双肺透亮度增加，呈过度充气状态。合并感染时，可见肺纹理增加和炎性浸润阴影。

8. 特异性变应原的检测　结合病史测定变应原指标有助于病因诊断和预防反复发作。

（五）治疗要点

目前尚无特效的治疗方法，但长期规范化治疗可使哮喘症状得到控制，减少复发甚至不发作。

1. 脱离变应原　应避免或消除引起哮喘发作的各种诱发因素，这是防止哮喘发作最有效的方法。

2. 控制急性发作　急性发作期治疗的目的是尽快解除气道阻塞，纠正低氧血症，恢复肺功能。使用支气管解痉药和抗炎药。伴有感染者还需使用抗生素，以防止或减轻哮喘反复发作。可选用支气管舒张药单用或联用，如沙丁胺醇（舒喘灵）、氨茶碱等，必要时可静脉应用氨茶碱，控制注射速度。可适当应用糖皮质激素以止喘、抗炎、抗过敏等，对哮喘有明显的疗效，吸入激素治疗是目前推荐长期控制哮喘的最常用方法。

3. 免疫疗法　分为特异性和非特异性两种，前者称为脱敏疗法。采用特异性变异原作定期反复皮下注射，剂量由低至高，以产生免疫耐受性，使患者脱敏。非特异性疗法为注射卡介苗、转移因子、疫苗等生物制剂抑制变应原反应的过程。

笔记栏

知识链接

哮喘管理

有效的哮喘管理，可以实现哮喘的控制。哮喘管理目标：达到并维持症状的控制；维持正常活动；维持肺功能水平尽量接近正常；预防哮喘急性加重；避免因哮喘药物治疗导致的不良反应；预防哮喘导致的死亡。

具体方法：建立医患合作关系，指导患者自我管理，对治疗目标达成共识，制定个体化的书面计划，包括自我监测、对治疗方案和哮喘控制水平周期性评估、在症状和(或)PEF提示哮喘控制水平变化的情况下，针对控制水平及时调整治疗以达到并维持哮喘控制。其中对患者进行健康教育是最基本的环节。

三、主要护理问题/医护合作性问题

1. **气体交换受损** 与支气管痉挛、气道炎症、气道阻力增加有关。

2. **清理呼吸道无效** 与支气管黏膜水肿、分泌物增多、痰液黏稠、无效咳嗽有关。

3. **知识缺乏** 缺乏正确使用定量雾化吸入器用药的相关知识。

4. **活动无耐力** 与缺氧、呼吸困难有关。

5. **潜在并发症** 呼吸衰竭、纵隔气肿等。

四、护理措施

1. **一般护理**

(1)环境：居室环境清洁卫生，保持空气流通、新鲜，温度、湿度适宜，室内温度维持在18～22℃，湿度维持在50%～70%，避免受寒和冷空气的刺激。病室内不宜布置花草，不铺地毯，不养宠物，枕头内不宜填塞羽毛，以免吸入刺激性物质引起哮喘发作。

(2)饮食：患者可因饮食不当而诱发或加重哮喘，发作期以清淡、易消化、足够人力、高维生素的流质或半流质食物为主。避免硬、冷、油煎食物，避免食用与哮喘有关的食物，如鱼、虾、蟹、牛奶，或食品添加剂如酒石黄和亚硝酸盐等，戒烟酒，保持大便通畅，多饮水。重症哮喘者尤应注意体液的补充。

(3)休息与活动：急性期伴有发热者应卧床休息。发作时协助患者采取合适的体位，如半卧位或坐位。

2. **病情观察** 观察哮喘发作的前驱症状，如鼻咽痒、喷嚏、流涕、眼痒等。哮喘发作时，观察患者意识状态、呼吸频率、节律、深度等。监测呼吸音和哮鸣音变化，监

笔记栏

测动脉血气分析和肺功能情况，了解治疗效果。哮喘严重发作时，加强对患者的监护。

3. 保持呼吸道通畅，纠正缺氧

（1）协助排痰：若痰液黏稠者可给予雾化吸入，稀释痰液。指导患者进行有效咳嗽，协助叩背，促进痰液排出。

（2）氧疗护理：哮喘患者常伴有不同程度的 PaO_2 下降，可采用鼻导管或面罩吸氧，氧流量为 2～4 L/min，吸入氧浓度一般不超过 40%。为避免气道干燥和寒冷气流的刺激而导致气道痉挛，吸入的气体应加温加湿，注意呼吸道湿化、保暖和通畅。必要时行机械通气。

4. 用药护理

（1）β 受体激动药：正确使用雾化吸入器，在喷药时深吸气，吸入后屏气几秒钟，使药物吸入细小支气管以发挥更好疗效。不宜长期、规律、单一、大量使用。

（2）茶碱类药物：静脉给药时浓度不宜过高、速度不宜过快、注射时间在 10 分钟以上，以防中毒症状发生。其主要不良反应包括恶心、呕吐、心律失常、血压下降、呼吸中枢兴奋等，严重者可引起抽搐甚至死亡。因此，用药期间，应检查血药浓度，加强观察，尤其是发热、老年以及心、肝、肾功能减退或甲状腺功能亢进等患者。

（3）糖皮质激素：吸入药物治疗的全身性不良反应少，主要不良反应为口腔念珠菌感染、声音嘶哑或呼吸道不适等，应指导患者喷药后及时用清水漱口；口服用药宜在饭后服用，以减少对胃肠道的刺激；静脉滴注激素时，密切观察是否有消化道出血发生。激素的用量应按医嘱逐渐减量，患者不能自行减量或停药。

5. 心理护理　心理因素在哮喘发作过程中起重要作用。哮喘发作时，患者心理反应可有紧张、烦躁、恐惧等，而精神紧张、情绪激动往往会诱发或加重哮喘发作。因此给予患者心理疏导，使患者保持有规律的生活和乐观情绪，减轻患者的不良心理反应。

五、健康教育

1. 预防指导　很多因素可以诱发哮喘，比如过敏食物、动物毛、香烟雾、烟雾、被褥和枕头的灰尘、扫地飞扬的尘土、强烈的气味和气雾剂、树和花的花粉，以及天气变化、感冒、情绪变化、跑步、运动和劳累等。哮喘患者应避开过敏原。坚持体育锻炼，如散步、打太极拳等。根据患者体质情况，可适当进行冷水浴，以增强机体抵抗力，但要避免剧烈运动。嘱患者随身携带止喘气雾剂，出现哮喘发作先兆时，立即吸入并保持平静，迅速控制症状。

2. 知识宣教　告诉患者哮喘的病因、临床表现、控制目的和治疗效果，使患者对

笔记栏

疾病有充分认识，提高患者在治疗中的依从性，做好患者的心理护理，克服惧怕心理，树立战胜疾病的信心，更好地预防和治疗疾病。指导患者及其家人认识长期治疗哮喘的重要性，通过教育使患者了解哮喘虽不能彻底治愈，但通过长期、适当充分的治疗，完全可以有效控制哮喘发作，能坚持日常工作和生活。

3. **病情监测** 做好哮喘日记，包括每日的症状、用药情况。出现以下情况时，应及时就医。①轻症患者自我治疗 3 天后，未见任何缓解迹象，应速去医院检查诊治。②哮喘发作严重，出现了呼吸困难，呼吸时鼻孔张大，大量出汗，口唇、指甲变灰或青紫，呼吸时肋间和颈部周围皮肤内陷，心跳或脉搏非常快，经喷药、服药仍不缓解，都应及时去医院诊治，以免发展成为哮喘持续状态。③哮喘严重发作时，可出现气胸、纵隔气肿、肺不张等危及生命的症状，一旦发生，患者会表现为烦躁不安、气急、胸痛、出冷汗、血压下降、呼吸困难加剧，应立即送医院急诊急救。

实 践 项 目

项目名称	操作流程	技术要求
呼吸训练	准备	人员准备：洗手，戴口罩 物品准备：软枕、痰盒、卫生纸等 环境准备：整洁、舒适
	评估	1. 核对床号、姓名 2. 评估患者病情、肺部听诊、意识、可耐受的体位 3. 评估患者对呼吸训练的认知情况，解释腹式呼吸及缩唇呼吸的目的、过程和注意事项，消除紧张情绪
	实施	【腹式呼吸训练】 1. 选择恰当体位 患者取立位、坐位或平卧位，两膝半屈（或在膝下垫一软枕）使腹肌放松。两手分别放于胸前和上腹部 2. 用鼻吸气 吸气时，最大限度地向外扩张腹部，膈肌最大程度下降，膈肌松弛，感觉腹部的手向上抬起，而胸部的手原位不动 3. 经口呼气 呼气时，最大限度地向内收缩腹部，腹肌收缩，腹部的手有下降感，帮助膈肌松弛，膈肌随腹腔内压增加而上抬 4. 练习时间 依据病情而定。一般每天练习 3～4 次，每次重复做 8～10 个腹式呼吸 5. 观察 练习过程中观察患者反应，如出现疲劳感、气促、出汗等应及时停止 【缩唇呼吸训练】 1. 选择恰当体位 患者取端坐位，双手扶膝 2. 吸气 患者闭嘴用鼻吸气 3. 呼气 缩唇呈吹口哨状，缓慢呼气，同时收缩腹部，吸气与呼气时间比为 1∶2 或 1∶3。吸气时默数 1、2，呼气时默数 1、2、3、4，能逐渐延长呼气时间，降低呼吸频率 4. 练习时间 每天练习 3～4 次，每次 15～20 分钟 5. 观察 练习过程中观察患者反应，如出现疲劳感、气促、出汗等应及时停止 注意事项：体位应根据病情选择立位，坐位或平卧位。初学者以半卧位最适合。也可在腹部放置软枕、杂志或书进行训练，如果吸气时，物体上升，证明是腹式呼吸。腹式呼吸增加能量消耗，因此应该在疾病恢复期指导患者进行训练

笔记栏

目标检测

一、选择题

1. 导致 COPD 发生最重要的因素是（　　）

A. 空气污染　　B. 呼吸道感染　　C. 吸烟

D. 自主神经功能失调　　E. 蛋白酶-抗蛋白酶失衡

2. COPD 患者死亡的主要原因是（　　）

A. 急性呼吸衰竭　　B. 肺心病　　C. 严重肺部感染

D. 心力衰竭　　E. 肺动脉高压

3. 关于 COPD 患者呼吸训练，描述不正确的是（　　）

A. 腹式呼吸可根据体能采取站位、卧位或半卧位

B. 腹式呼吸时用鼻吸气，用口呼气，吸气时腹部下陷，呼气时腹部向外凸起

C. 腹式呼吸时，呼气长于吸气，呼气时间是吸气的 1～2 倍

D. 呼吸训练包括腹式呼吸和缩唇呼吸

E. 呼吸训练可增加呼吸肌活动能力、提高通气量

4. 关于慢性肺心病的家庭氧疗描述不正确的是（　　）

A. 氧疗的目的是使 SaO_2 上升至＞80%

B. 使 $PaCO_2$ 上升不超过基础的 10mmHg

C. 低流量、低浓度给氧

D. 吸氧持续时间应超过 15 小时

E. 长期家庭氧疗可提高患者的生存率

5. 慢性肺心病死亡的首要原因是（　　）

A. 上消化道出血　　B. 心律失常　　C. 肺性脑病

D. 酸碱失衡、电解质紊乱　E. DIC

二、简答题

1. 老年人肺炎的特点。

2. 老年人肺炎的护理要点是什么？

3. 如何指导 COPD 患者的家庭氧疗？

4. 呼吸运动训练的方法。

5. 如何避免老年人哮喘的复发？

三、案例分析题

患者，女性，78 岁，因反复咳嗽、气喘 10 余年，加重伴胸闷 2 天入院。患者 10

笔记栏

年前咳嗽，咳少量白色黏痰，活动后气喘明显，期间多次住院治疗。2 天前受凉出现咳嗽、胸闷症状，自行在家服用头孢他啶胶囊，症状缓解不明显。入院时患者咳嗽，咳中量黄脓痰，气喘，休息后不缓解。体格检查：桶状胸，双肺可闻及少量湿啰音。肺功能为 FEV_1/EEV＜70%， FEV_1＜80%预计值。

问题：

1. 患者的医疗诊断是什么？

2. 如何帮助该患者保持呼吸道通畅？

3. 根据患者目前的状况，应如何给氧？为什么？

4. 针对患者目前的状况，护理人员应采取的主要护理措施是什么？

5. 患者入院第 5 天血气分析结果 PaO_2 89.8mmHg、$PaCO_2$83.7mmHg、pH7.19、BE0.9、HCO_3^- 31.3，该患者可能出现了什么情况？如何护理？

【选择题参考答案】

1. B　2. A　3. B　4. A　5. C

（李　望）

笔记栏

项目三

循环系统疾病的护理

学习目标

1. 熟悉循环系统疾病的病因、护理评估、护理问题。
2. 掌握循环系统疾病的护理措施。
3. 了解循环系统疾病的治疗要点。
4. 能够根据病情选择合理的护理措施并正确实施，能够正确指导老年人用药。
5. 能够进行循环系统疾病的健康教育。

循环系统疾病包括心脏和血管疾病，合称心血管病。《中国心血管病报告 2016》概要指出，随着人口老龄化及城镇化进程的加速，心血管病危险因素流行趋势呈明显上升态势，导致发患者数持续增加。我国心血管病患病率及死亡率仍处于上升阶段。心血管病占居民疾病死亡构成的 40%以上，为我国居民的首位死因。心血管疾病负担日渐加重，已成为重大的公共卫生问题，防治心血管病刻不容缓。

知识链接

循环系统老化

1. 心脏　随着年龄增长，心肌细胞数减少。老年人心脏结构最明显的改变是左心室肥厚，左心室腔相对变小。心肌细胞结构改变，收缩力下降，心肌顺应性降低。老年人心包下脂肪沉积增多，分布不均匀，心包增厚、变硬。心脏瓣膜的硬化和纤维化，柔韧性降低，影响了瓣膜的正常开放和关闭，导致狭窄或关闭不全，影响血流动力学变化。心脏传导系统中，窦房结内的起搏细胞数目减少 78%～80%，老年人休息时心率减慢。希氏束和束支连接部及左束支可见束支纤维丧失，是老年人容易发生传导障碍的原因。

2. 血管　血管因弹性蛋白减少，胶原蛋白增加，失去了原有的弹性，发生血管硬化。冠状动脉因血管硬化，弹性减弱，易发生阻塞。自主神经对血压调节功能减弱，容易发生直立性低血压。

笔记栏

任务一　高血压患者的护理

案例 3-1

患者，男性，70 岁。反复头晕、头痛 20 余年，加重 1 周。20 余年前情绪激动后出现头晕、头痛、恶心，确诊为“高血压”，间断口服“复方降压片”降压治疗，血压控制欠佳，最高达 200/110 mmHg。1 周前劳累后头晕、头痛加重，恶心，双下肢乏力，走路不稳，伴胸闷、心悸、失眠。既往史：吸烟 20 余年。否认药物过敏史。体格检查：T 36.2℃，P 77 次/分，R16 次/分，BP 190/100 mmHg。神志清楚，发育正常，精神不振，双肺呼吸音清，双肺未闻及干、湿啰音，心界向左下扩大，心尖搏动呈抬举性，心率 77 次/分，律齐，主动脉瓣区第二心音亢进，心尖部闻及收缩期吹风样杂音，腹软，无压痛、反跳痛及肌紧张，肝脾未及，肠鸣音正常，移动性浊音阴性，两下肢无水肿。心电图检查：窦性心律，左室高电压，继发性 ST-T 改变。X 线检查：动脉硬化，主动脉型心脏。

问题： 1. 患者当前主要的护理问题。

2. 针对护理问题提出相应的护理措施。

一、概述

高血压（hypertension）是以血压升高为主要临床表现的综合征。目前我国将高血压定义为收缩压≥140mmHg 和（或）舒张压≥90mmHg。高血压是老年人最常见的慢性病之一，也是心脑血管病最主要的危险因素，可导致脑卒中、心力衰竭及慢性肾脏病等主要并发症，严重影响老年人的生存质量，给家庭和国家造成沉重负担。

（一）病因

高血压发病机制目前不完全清楚，病因是由多种因素综合形成，目前认为可能有如下因素。

1. 遗传因素　高血压有家族群集的倾向，提示其有遗传学基础或伴有遗传生化异常。双亲均有高血压的正常血压子女，以后发生高血压的比例增高。

2. 饮食因素　流行病学和临床观察均显示食盐摄入量与高血压的发生和血压水平呈正相关。但改变钠盐摄入并不能影响所有患者的血压水平，摄盐过多导致血压升高主要见于对盐敏感的人群中。

3. 精神应激　长期精神紧张、压力、焦虑，或长期环境噪声、视觉刺激下，或具有争强好胜的性格，使大脑皮质的兴奋与抑制过程失调，全身小动脉痉挛，外周血管阻

笔记栏

力升高，导致血压升高。所以脑力劳动者高血压患病率高于体力劳动者，从事精神紧张度高的职业和长期噪声环境中工作者患高血压较多。

4. 超重和肥胖　超重和肥胖是高血压的重要危险因素，一般采用体重指数（BMI）来衡量肥胖程度，血压与 BMI 呈显著正相关。腰围反映向心性肥胖程度。腰围男性≥90cm 或女性≥85cm，发生高血压的风险是腰围正常者的 4 倍以上。

5. 年龄和性别　随着年龄的增长，动脉血管壁硬化，弹性减弱，导致血压升高，高血压患病率升高。女性绝经期前患病率低于男性，但绝经期后发病率增高，高于男性。

6. 其他疾病　如肾疾病（肾小球性肾炎）、神经系统疾病（脑肿瘤）、内分泌疾病（甲亢、糖尿病、嗜铬细胞瘤）等，均可引起血压升高。

（二）分类

1. 原发性高血压　原发性高血压临床上主要表现为动脉血压的升高。原发性高血压患者占人群高血压患者的 90%以上，目前发病机制尚未完全明了，主要依据排除了其他疾病导致的高血压后才能诊断为原发性高血压。动脉血压的升高主要是因外周小动脉阻力增高所致，同时可伴有不同程度的血容量和心排血量的增加。晚期常导致心、脑、肾等脏器受累发生高血压性心脏病、心力衰竭、肾功能障碍、脑出血等严重并发症。

2. 继发性高血压　继发性高血压是指继发于其他疾病或原因的高血压。只占高血压人群的 5%～10%。血压升高仅是这些疾病的一个临床表现。继发性高血压的临床表现、并发症和后果与原发性高血压相似。

二、护理评估

（一）健康史

了解有无高血压、糖尿病、高脂血症、冠心病、脑卒中或肾脏疾病的家族史；高血压的病程，既往血压水平及抗高血压治疗的结果与副作用；有无冠心病、心力衰竭、脑血管病、外周血管病、肾脏疾病、糖尿病等疾病的病史或症状，药物治疗情况；有无提示继发性高血压的病因或症状；饮食中脂肪、钠盐和酒的摄入量，吸烟支数，体力活动量以及体重变化情况等；了解老年患者的个人、心理、社会和环境因素。

（二）身体状况

1. 症状　常见症状有头痛、头晕、疲劳、心悸、耳鸣等，但并不一定与血压水平成正比。可因过度疲劳、激动或紧张、失眠等加剧，休息后多可缓解。

2. 体征　高血压时体征一般较少，除血压升高外，心脏听诊可闻及主动脉瓣区第

笔记栏

二心音亢进及收缩期杂音。皮肤黏膜、四肢血压、周围血管搏动及血管杂音检查等，有助于继发性高血压的原因判断。

3. 并发症 主要与高血压导致重要（靶）器官的损害有关，是导致高血压患者致残甚至致死的主要原因。

（1）心脏：血压长期升高致左心室负荷过重，左心室肥厚、扩大，形成高血压性心脏病。随着病情进展，最终导致左心衰竭。合并冠心病者可出现心绞痛、心肌梗死。

（2）脑血管：包括脑出血、脑血栓形成、腔隙性脑梗死、短暂性脑缺血发作等。

（3）肾脏：高血压肾病及慢性肾衰竭，早期表现为夜尿增多、轻度蛋白尿、管型尿，晚期出现氮质血症及尿毒症。

（4）眼：眼底改变及视野异常。眼底改变可根据高血压严重程度分为四级。Ⅰ级：视网膜动脉痉挛、变细、反光增强；Ⅱ级：视网膜动脉狭窄，动脉交叉压迫；Ⅲ级：在上述血管病变的基础上有眼底出血、棉絮状渗出；Ⅳ级：出血或渗出伴视盘水肿。

（5）血管：累及全身血管，严重高血压可使主动脉夹层形成并破裂，是猝死的原因之一。

知识链接

老年高血压特点

1. 血压波动性大 收缩压波动大为主，老年人压力感受器调节血压的敏感性降低所致，直立性低血压发生率高。

2. 收缩压升高多见 半数以上老年高血压患者为收缩期高血压。这是因为老年人动脉硬化，弹性降低、顺应性减退，收缩压明显升高。靶器官受损与收缩压密切相关，收缩压升高更易发生心力衰竭及脑卒中。

3. 并发症多且严重 老年高血压患者常有较严重的动脉硬化，进而导致靶器官受损，故心脑、肾并发症较多。

（三）心理社会状况

评估老年人是否对疾病发展、治疗方面、对终身用药的担心；了解老年人的个性特征、职业、生活方式、自我保健知识；靶器官受损的程度是否影响到老人的社交活动；老人的家庭的支持情况。

（四）辅助检查

1. 血压测量 24小时多次血压监测对诊断高血压有价值。

笔记栏

2. 常规检查　尿常规、血糖、血脂、血清电解质、肾功能、胸部X线片及心电图等。必要时进行超声心动图、眼底检查等。

3. 特殊检查　为进一步了解高血压患者病理生理状况和靶器官结构与功能变化，可选择进行如动态血压监测（ABPM）、颈动脉内膜中层厚度检查等。

知识链接

血压水平分类和定义（中国高血压防治指南，2010）

分类	收缩压（mmHg）		舒张压（mmHg）
正常血压	＜120	和	＜80
正常高值血压	120～139	和（或）	80～89
高血压	≥140	和（或）	≥90
1级高血压（轻度）	140～159	和（或）	90～99
2级高血压（中度）	160～179	和（或）	100～109
3级高血压（重度）	≥180	和（或）	≥110
单纯收缩期高血压	≥140	和	＜90

注：当收缩压和舒张压分属于不同级别时，以较高的分级为准

（五）治疗要点

高血压患者的主要治疗目的是最大程度地降低心脑血管并发症发生与死亡的总体危险。因此，在治疗高血压的同时，应干预所有其他的可逆性心血管危险因素（如吸烟、高胆固醇血症或糖尿病等）。有效的治疗必须使血压降至正常范围，但应在患者能耐受的情况下逐步降压达标。目前主张一般高血压患者，65岁及以上老年人 的收缩压应控制在150 mmHg以下，如能耐受还可进一步降低；伴有肾脏疾病、糖尿病或病情稳定的冠心病的高血压患者治疗更宜个体化，一般可以将血压降至130/80 mmHg以下，脑卒中后的高血压患者一般血压目标为＜140/90 mmHg。处于急性期的冠心病或脑卒中患者，应按照相关 指南进行血压管理。舒张压低于60 mmHg的冠心病患者，应在密切监测血压的前提下逐渐实现收缩压达标。

知识链接

高血压治疗的基本原则（中国高血压防治指南，2010）

1. 高血压是一种以动脉血压持续升高为特征的进行性“心血管综合征”，常伴有其他危险因素、靶器官损害或临床疾患，需要进行综合干预。

2. 抗高血压治疗包括非药物和药物两种方法，大多数患者需长期、甚至终生坚持治疗。

笔记栏

3. 定期测量血压；规范治疗，改善治疗依从性，尽可能实现降压达标；坚持长期平稳有效地控制血压。

1. 非药物治疗 非药物治疗主要指生活方式干预，即去除不利于身体和心理健康的行为和习惯，目前已成为治疗轻型高血压的首选方法和高血压治疗的基础方法。健康的生活方式可以预防或延迟高血压的发生，也可降低血压，提高降压药物的疗效，降低心血管风险。适用于各级高血压患者（包括使用降压药物治疗的患者）。主要措施包括：①控制体重；②减少食物中钠盐的摄入量，并增加钾盐的摄入量；③减少食物中饱和脂肪酸的含量和脂肪总量；④戒烟、限酒；⑤适当运动；⑥减少精神压力，保持心理平衡。

2. 药物治疗 中重度高血压和原发性高血压患者应遵循长期服药的原则。药物治疗应从小剂量开始，逐步递增剂量，血压水平达到满意后所需药物的种类和剂量长期降压治疗。推荐应用长效制剂可以减少血压的波动，降低主要心血管事件的发生危险和防治靶器官损害，并提高用药的依从性。联合用药可增加降压效果又不增加不良反应，在低剂量单药治疗疗效不满意时，可以采用 2 种或多种降压药物联合治疗。事实上，2 级以上高血压为达到目标血压常需联合治疗。实施个体化用药，根据患者具体情况和耐受性及个人意愿或长期承受能力，选择适合患者的降压药物。

目前常用降压药物可归纳为 6 类，即利尿药、β 受体阻滞药、钙通道阻滞药（CCB）、血管紧张素转化酶抑制药（ACEI）、血管紧张素 II 受体拮抗药（ARB）和 α 受体阻滞药。

（1）利尿药：通过排钠排水、降低细胞外高血容量、减轻外周血管阻力发挥降压作用。噻嗪类药物应用最为普遍，多年来被用作轻度高血压的基础治疗药，降压起效较平稳、缓慢，持续时间相对较长，作用持久，但可引起低钠、低钾、低镁、血尿酸和血胆固醇增高，糖耐量减低等副作用。

（2）β 受体阻滞药：主要通过抑制过度激活的交感神经活性、抑制心肌收缩力、减慢心率发挥降压作用。降压起效较迅速，适用于各种不同程度的高血压患者，尤其是心率较快的患者或合并心绞痛患者。

（3）钙通道阻滞药：主要通过阻断血管平滑肌细胞上的钙离子通道，发挥扩张血管降低血压的作用。钙通道阻滞药可作为治疗老年人高血压的一线药物。降低周围血管阻力，改善血流动力学变化，有抗血小板聚集，抗心律失常，防止动脉粥样硬化斑块的形成，节约心肌对三磷腺苷的利用；防止钙超负荷，保护血管内膜，改善心肌供氧的作用，适用于高血压有心脏并发症者。服用此类降压药应注意面部有无潮红，有无头痛、眩晕、心悸等不适症状，观察心率和血压变化。

（4）血管紧张素转化酶抑制药（ACEI）：通过抑制血管紧张素转化酶阻断肾素血管

笔记栏

紧张素系统发挥降压作用。血管紧张素转化酶抑制药有较强的血管扩张作用，可有效地降低老年患者血压。

（5）血管紧张素Ⅱ受体拮抗药：通过阻断血管紧张素Ⅱ受体发挥降压作用，降低心排血量，直立位高血压，并可治疗心绞痛。

（6）α受体阻滞药：不作为一般高血压治疗的首选药，适用于高血压伴前列腺增生患者，也用于难治性高血压患者的治疗。

三、主要护理问题/医护合作性问题

1. **疼痛**　头痛，与血压升高有关。
2. **有受伤的危险**　与头晕、视物模糊、意识改变或直立性低血压有关。
3. **焦虑**　与血压控制不满意、已发生并发症等有关。
4. **潜在并发症**　高血压急症。
5. **知识缺乏**　缺乏与有关高血压的预防、用药、保健相关的知识。

四、护理措施

1. 一般护理

（1）环境：提供安静、温暖、舒适的环境，尽量减少探视。护士操作应相对集中，动作轻巧，防止过多干扰患者。患者冬季外出注意保暖，防止寒冷诱发血压升高。

（2）饮食：高血压患者应选择低脂肪、低胆固醇、低盐、高维生素、高钙、高钾饮食。合理的膳食原则是在限制总热量的前提下保持营养均衡，即碳水化合物占总能量的60%～70%，蛋白质占10%～15%，脂肪占20%～25%。多食用蔬菜和水果，补充适量的蛋白质，避免过饱，戒烟酒及刺激性饮料。

（3）休息与活动：根据患者高血压的程度确定活动量。运动可以调节心血管适应调节能力，稳定血压水平。较好的运动方式是低或中等强度的有氧运动，可根据年龄及身体状况选择慢跑、游泳或步行，每周3～5次，每次30～40分钟。

2. 病情观察　注意观察病情变化，若患者出现心悸、气短、夜间阵咳、不能平卧等症状，提示心力衰竭；出现血压急剧升高、剧烈头痛、头晕、恶心、呕吐、烦躁不安、视物模糊、肢体麻木、意识障碍、肢体瘫痪、失语、感觉障碍、抽搐、瞳孔改变等情况，提示有高血压急症或脑血管意外，应立即送往医院抢救。

3. 用药护理　遵医嘱应用降压药物治疗，监测血压的变化以判断疗效，观察药物不良反应。如钙通道阻滞药常见的不良反应包括头痛、面色潮红、下肢水肿等。β受体

笔记栏

阻滞药可致心动过缓，冠心病患者不可突然停药，以免诱发心绞痛和心肌梗死。ACEI可引起刺激性干咳。利尿药可导致水电解质紊乱。

强调长期药物治疗的重要性，用降压药物使血压降至理想水平后，应继续服用维持量，以保证血压相对稳定，对无症状者更应强调。告知有关降压药的名称、剂量、用法、作用及不良反应，并提供书面材料。不能擅自突然停药，经治疗血压得到满意控制后，可以逐渐减少剂量，不可突然停药。

4. 对症护理 头痛时嘱患者卧床休息，抬高床头，改变体位的动作要慢。避免劳累、情绪激动、精神紧张、环境嘈杂等不良因素。向患者解释头痛主要与高血压有关，血压恢复正常且平稳后头痛症状可减轻或消失。指导患者使用放松技术，如心理训练、音乐治疗、缓慢呼吸等。

5. 避免受伤 定时测量患者血压并做好记录。若出现头晕、眼花、耳鸣、视物模糊等症状时，应嘱患者卧床休息，协助生活护理。避免迅速改变体位、活动场所光线暗、病室内有障碍物、地面滑、厕所无扶手等危险因素，必要时病床加用床栏。

6. 直立性低血压的预防及处理 直立性低血压的表现为乏力、头晕、心悸、出汗、恶心、呕吐等，在联合用药、服首剂药物或加量时应特别注意。老年患者避免长时间站立；改变姿势，特别是从卧、坐位起立时动作宜缓慢；服药后继续休息一段时间再下床活动，如在睡前服药，夜间起床排尿时应注意；避免用过热的水洗澡或蒸汽浴；不宜大量饮酒。一旦发生直立性低血压，及时采取下肢抬高位平卧，以促进下肢血液回流。

7. 高血压急症的护理 患者绝对卧床休息，抬高床头，避免一切不良刺激和不必要的活动，协助生活护理。保持呼吸道通畅，吸氧。稳定患者情绪，必要时用镇静药。连接好心电、血压、呼吸监护。迅速建立静脉通路，遵医嘱尽早应用降压药物，用药过程注意监测血压变化。特别是应用硝普钠和硝酸甘油时，应严格遵医嘱控制滴速，密切观察药物的不良反应。

8. 心理护理 患者多数有焦虑、抑郁、易激动等心理特点，因此，护理人员向患者讲解清楚情绪波动是引起血压升高的危险因素，指导患者训练自控制情绪，学会自我心理调节，保持良好的心理状态，避免情绪激动，通过与家人、朋友间建立良好的人际关系，得到情绪上支持，提高战胜疾病的信心。

五、健康教育

1. 预防指导 保持乐观的心态和充足的睡眠，注意劳逸结合。老年人要做到饮食有节，以素食为主，少食多餐。避免高热量、高脂肪、高胆固醇、高盐饮食。限制钠盐

笔记栏

摄入，每天钠盐摄入量应低于 6g。应尽可能减少烹调用盐，建议使用量具（如可定量的盐勺）。不过量饮酒。肥胖老年人应控制体重，因为肥胖与血压成正相关，肥胖是导致血压升高的重要危险因素，减肥可使血压相应下降。有血压升高的老年人应观察病情，尽早诊断，尽快治疗，使血压维持在比较正常的水平，尽量延缓和避免由于高血压引起的大小动脉硬化及心、脑、肾血管损伤。

2. 知识宣教　宣传和普及高血压知识，向患者和家属宣传高血压的相关知识和危害性，解释引起高血压的原因，使患者和家属重视，了解控制血压的重要性和终身治疗的必要性。避免药物漏服、错服、多服的现象。教会患者和家属正确测量血压的方法，每天定时监测血压，作为调整药量和选择用药的依据。指导患者调整心态，学会自我心理调节，避免情绪激动，以免诱发血压增高。家属应对患者充分理解、宽容和安慰。选择适宜的运动，如步行、慢节奏的交谊舞、太极拳等比较适合老年人。

3. 病情监测　教会患者和家属正确的家庭血压监测方法，每次就诊携带记录，作为医生调整药量或选择用药的依据。指导患者定期随访，以便有效的控制血压，并根据降压效果和药物不良反应及时调整治疗方案。随访时间依据心血管风险分层，低危或中危者，每 1～3 个月随诊 1 次。高危者，至少每 1 个月随诊 1 次。一旦发现血压急剧升高、剧烈头痛、呕吐、大汗、视物模糊、面色及神志改变、肢体运动障碍等症状，应立即就医。

任务二　冠心病患者的护理

案例 3-2

患者，男性，70 岁。反复胸闷、气短 10 余年，加重伴心前区不适 1 周。10 余年前劳累后出现胸闷、心悸、气短，活动时症状加重，心电图示心肌缺血，确诊为冠心病，平素常服“复方丹参滴丸”扩冠治疗，病情每因劳累、受凉或情绪激动发病。1 周前情绪激动后胸闷、心悸、气短加重，伴阵发性心前区不适，向后背及左肩部发散，每日发作 5～6 次，每次约持续 10 余分钟，休息后含服“速效救心丸”可缓解。一般体力活动即出现胸闷、气短症状。病来无大汗，无濒死感，无呼吸困难。既往史：高脂血症 10 余年。高血压病史 15 年，血压最高达 190/100 mmHg。饮酒史 20 年，每天 2 两白酒或 2 瓶啤酒。否认药物过敏史。体格检查：T 36.1℃，P 76 次/分，R 16 次/分，BP 160/190mmHg。神志清楚，发育正常，精神不振，双肺呼吸音清，双肺未闻及干、湿啰音，心界向左下扩大，心尖搏动呈抬举性，心率 76 次/分，律齐，主动脉瓣区第二心音亢进，心尖部闻及 2/6 级收缩期吹风样杂音，腹软，无压痛、反跳痛及肌紧张，肝脾未及，肠鸣音正常，移

笔记栏

动性浊音阴性，两下肢无水肿。心电图检查：窦性心律，左室高电压，胸前导联 Vl～V4 ST 段下移 0.2mV，T 波倒置。X 线检查：动脉硬化，主动脉型心脏。

问题：1. 患者当前主要的护理问题。

2. 针对护理问题提出相应的护理措施。

冠状动脉粥样硬化性心脏病（coronary atherosclerotic heart disease）指冠状动脉粥样硬化使血管腔狭窄、阻塞和（或）因冠状动脉功能性改变（痉挛）导致心肌缺血、缺氧或坏死而引起的心脏病，统称冠状动脉性心脏病（coronary heart disease），简称冠心病，亦称缺血性心脏病（ischemic heart disease）。

冠状动脉粥样硬化性心脏病是动脉粥样硬化导致器官病变的最常见类型，也是严重危害人类健康的常见病。其发病率随年龄的增加而增多，70 岁以上的老年人几乎都患有不同程度的冠心病。据世界卫生组织 2011 年资料显示，我国冠心病死亡人数已列世界第二位。

（一）病因

本病病因尚未完全明确，目前认为是多种因素作用于不同环节所致的冠状动脉粥样硬化，这些因素亦称为危险因素，主要有：

1. 不可改变的危险因素 冠心病家族史、年龄＞70 岁、性别（老年女性与雌激素水平下降有关），年龄增长是冠心病独立的发病危险因素。

研究表明，在冠心病的发展过程中存在家族遗传特性。双亲中一人患冠心病，其子女中发病率比正常家族高出 2 倍；双亲二人均患冠心病，其子女中发病率比正常家族高出 5 倍。男性与女性相比，女性发病率较低，但在更年期后发病率增加。50 岁以后，动脉粥样硬化的过程进行性加速。

2. 可以改变的危险因素

（1）血脂异常：脂质代谢异常是动脉粥样硬化最重要的危险因素。高脂血症是指血中胆固醇和三酰甘油含量过高，三酰甘油升高比胆固醇增加更能促使冠状动脉粥样硬化。

（2）高血压：高血压可以造成血管内壁的机械性损伤，促进血液中的脂质透过血管壁沉积于血管内膜下，引起动脉粥样硬化。Framingham 研究表明收缩压每升高 10mmHg，心血管事件发生率增加 16%；而脉压每升高 10mmHg，心血管事件发生率增加 23%。脉压增大被认为是老年人心血管并发症的重要危险因素。

（3）糖尿病：随着年龄增加，患 2 型糖尿病的危险增大。糖尿病患者中，动脉粥样硬化发生较早且更为常见，目前认为糖尿病与冠心病互为危险因素。

笔记栏

3. 可以改变、需要自身努力的危险因素

（1）吸烟：吸烟能使HDL胆固醇降低，影响冠状动脉血流量、血管内皮细胞功能、纤维蛋白原浓度及血小板凝集性。吸烟可造成动脉壁氧含量不足，促进冠状动脉发生粥样硬化。

（2）肥胖：肥胖是心血管病独立的危险因素，能加重已知危险因素的作用。

（3）体力活动减少：定期进行适当的体育活动可减少心血管事件的发生。

（4）精神因素：合并抑郁的老年人，患冠心病的风险增加。

（5）过量饮酒：与冠心病有一定相关性。

（二）临床分型

根据冠状动脉病变的部位、范围、血管阻塞程度和心肌供血不足的发展速度、范围和程度的不同，本病有不同的临床分型。近年临床医学家趋于将本病分为急性冠状动脉综合征（acute coronary syndrome，ACS）和慢性冠状动脉病（chronic coronary artery disease，CAD）或称慢性缺血综合征（chronic ischemic syndorme，CIS）两大类。前者包括不稳定型心绞痛（unstable angina，UA）、非ST段抬高性心肌梗死（non-ST-segment elevation myocardial inarction，NSTEMI）和ST段抬高性心肌梗死（ST-segment elevation myocardial infarction，STEMI）和冠心病猝死；后者包括稳定型心绞痛、冠状动脉正常的心绞痛（如X综合征）、无症状性心肌缺血和缺血性心力衰竭（缺血性心肌病）。

【心　绞　痛】

一、概述

心绞痛（angina pectoris）是由于冠状动脉供血不足，导致心肌急剧的、短暂的缺血、缺氧所引临床综合征。90%的老年心绞痛是因冠状动脉粥样硬化引起，也可由冠状动脉狭窄或两者并存引起。根据发作的频率和严重程度分为稳定型和不稳定型心绞痛。

二、护理评估

（一）健康史

了解老年心绞痛危险因素及诱因包括高血压、高脂血症、糖尿病、肥胖、吸烟、情绪激动，劳累、饱食、寒冷等。询问患者是否有心脏病史、心绞痛发作史、家族史；询问心绞痛危险因素及诱因；了解患者的年龄、饮食习惯、生活方式、服药史、体重变化等。

笔记栏

（二）身体状况

1. 症状 老年心绞痛症状大多不典型，表现较轻，多为胸骨后不适或紧缩感，或仅有气急、乏力、心悸等症状，这与老年人痛觉迟钝有关。疼痛部位也不典型，可表现为上腹不适或痛，食管阻塞感或烧灼感，左臂麻痛、牙痛、颈部紧缩感等，易造成误诊。

2. 体征 大多数老年心绞痛患者无阳性体征。心绞痛发作时常见血压升高、面色苍白、表情焦虑、皮肤湿冷或出汗、心率增快，心尖部可出现第三、四心音奔马律、一过性收缩音，有时伴第二心音逆分裂或交替脉。

（三）心理社会状况

因冠心病患者性格多急躁、易激动、争强好胜，心绞痛发作时的疼痛感反复发作，易使患者产生焦虑、紧张、恐惧、抑郁心理反应。应了解患者的性格及心理状态，评估家属疾病的认识程度及对患者的态度。

（四）辅助检查

1. 心电图检查 ST 段压低（≥0.1mV），T 波低平或倒置。动态心电图检查可显著提高检出率。

2. 活动平板运动试验 运动实验、药物负荷实验、动态心电图对老年心绞痛的诊断有一定的帮助，但老年人可因肺功能差或体力不支而影响结果判断。

3. 放射性核素检查 可早期显示缺血区的部位和范围，结合其他临床资料，对老年心绞痛诊断有较大价值。

4. 冠状动脉造影 老年人做冠状动脉造影是安全可靠的。此检查具有确诊价值，且对患者是否需行冠状动脉血运重建也是必不可少的检查手段。

（五）治疗要点

1. 发作时的治疗

（1）休息：发作时应立即休息，如在室外发病，可立即蹲下或坐下休息，一般患者停止活动后症状即可消除。

（2）药物治疗：宜选用作用较快的硝酸酯制剂，这类药物除可扩张冠状动脉、增加冠状动脉血流量外，还可扩张外周血管，减轻心脏负荷，从而缓解心绞痛。①硝酸甘油 0.3～0.6mg 舌下含化，1～2 分钟显效，约 30 分钟后作用消失；一般连用不超过 3 次，每次相隔 5 分钟。还可用喷雾剂，每次 0.4mg，15 分钟内不超过 1.2mg。②硝酸异山梨酯，可用 5～10 mg，舌下含化，2～5 分钟见效，作用维持 2～3 小时。

笔记栏

2. 缓解期的治疗

（1）药物治疗：以改善预后的药物和减轻症状、改善缺血的药物为主。例如：阿司匹林、氯吡格雷、β受体阻滞药、调血脂药物、血管紧张素转化酶抑制药（ACEI）、硝酸酯制剂、中医中药治疗等。

（2）非药物治疗：包括运动锻炼疗法、血管重建治疗、增强型体外反搏等。①运动锻炼疗法：合理的运动锻炼有利于提高运动耐量而减轻症状。建议稳定型心绞痛患者每天有氧运动30分钟，每周运动不少于5天。②血管重建治疗：稳定型心绞痛的血管重建治疗，常用的治疗方法包括经皮冠状动脉介入治疗（percutaneous coronary intervention，PCI）和冠状动脉旁路移植术等。近年来，PCI日益普遍应用于临床，由于创伤小、恢复快、危险性相对较低，尤其是药物洗脱支架的出现，远期疗效明显提高。③增强型体外反搏（enhanced external counterpulsation，EFCP）：EECP装置是具有我国自主知识产权的下半身气囊序贯加压式体外反搏器。EECP治疗，能降低患者心绞痛发作频率，改善运动负荷试验中的心肌缺血情况，能使75%～80%的患者症状获得改善。适用于药物治疗疗效差又不适宜血管重建术的难治性慢性稳定型心绞痛。一般每天1小时，12天为1疗程。

三、主要护理问题/医护合作性问题

1. **活动无耐力** 与心肌供血、供氧不足有关。
2. **疼痛** 胸痛，与心肌缺血、缺氧有关。
3. **焦虑** 与胸痛产生的濒死感、担心预后有关。
4. **知识缺乏** 缺乏与控制诱发因素及预防心绞痛发作相关的知识。
5. **潜在并发症** 心肌梗死。

四、护理措施

1. 一般护理

（1）环境：提供舒适、安静的环境，减少探视，防止不良刺激。

（2）饮食：饮食应为低热量、低盐、低脂、低胆固醇、高维生素、易消化的清淡饮食。多食蔬菜、水果和富含膳食纤维的食物，少食多餐，避免暴饮暴食及刺激性食物与饮料。每日总热量控制在2000kcal以下，限制动物脂肪，少食动物内脏，因胆固醇含量较高。摄盐以不超过5g/天为宜。戒烟酒。

（3）休息与活动：根据病情为老年人制定合理的活动计划，但要避免剧烈运动和屏

笔记栏

气动作，防止诱发心绞痛。当感觉身体不适时应立即停止活动，就地休息，解开衣领和束缚的衣服，一般患者休息片刻即可缓解疼痛。

2. 病情观察 密切观察病情变化，重视老人陈述的不典型症状与不典型疼痛部位，对无原因的上腹不适或疼痛，食管阻塞感，烧灼感，左臂麻痛、牙痛、颈部紧缩感要高度重视，需做心电图检查明确诊断。注意观察有无急性心肌梗死的发生。

3. 用药护理 心绞痛患者平常口服药物要注意用药原则及不良反应。

（1）硝酸酯类药物：不良反应有头晕、头痛、面红、心悸等，偶有血压下降。第一次用药时患者宜平卧片刻，必要时吸氧。

知识链接

硝酸甘油喷雾剂使用方法

1. 用量 作为冠状动脉血管痉挛的预防和心绞痛发作初期，用1～2喷。急性心肌梗死或急性左心衰时用1～3喷，如果效果不佳，在10分钟后可重复同样剂量。

2. 用法 使用时先将喷雾帽取下，将罩壳套在喷雾头上，瓶身倒置，将罩壳对准口腔舌下黏膜揿压阀门，药液即呈雾状喷入口腔舌下。向口腔中喷硝酸甘油喷雾剂时，必须屏住呼吸，最好喷在舌下，每次间隔约30秒，不要将药雾吸入。使用前不得摇晃瓶身。

（2）他汀类药物：应严密监测转氨酶及肌酸激酶等生化指标，及时发现药物可能引起的肝脏损害和肌肉疼痛。采用强化降脂治疗时，应注意监测药物的安全性。

4. 对症护理 心绞痛发作时，及时予以氧气吸入，调节流量为4～6L/分。

5. 减少或避免诱因 疼痛缓解后，与患者一起分析引起心绞痛发作的诱因。保持排便通畅，切忌用力排便，以免诱发心绞痛。调节饮食，禁烟酒。保持心境平和，改变焦躁易怒、争强好胜的性格等。

6. 心理护理 心绞痛发作时易烦躁、紧张，心率增快，血压升高，增加心肌耗氧量。了解老人产生负性情绪的原因，对于易焦虑、紧张的患者，及时给予心理支持和鼓励，减轻心理负担。

五、健康教育

1. 预防指导 树立健康的生活方式，生活规律，合理安排休息与活动，合理饮食，戒烟、限酒，控制体重；运动以有氧运动为主，运动强度和时间注意个体差异；保持乐观、稳定的心理状态。

笔记栏

2. 知识宣教　告知患者及家属心绞痛的诱发因素，如过劳、情绪激动、饱餐、用力排便、寒冷刺激等，在日常生活中加以避免，防止心绞痛发作。指导患者出院后遵医嘱服药，告知药物的不良反应。外出应随身携带硝酸甘油以备急需，家中硝酸甘油应放在固定位置，且家人要知道所放位置，以便需要时能及时找到。药物用后放回原处。硝酸甘油易见光分解，应放在棕色瓶中，药瓶开封后每 6 个月更换 1 次，防止失效。洗澡时应告知家人，不选择在饱餐或饥饿时进行，水温勿过冷过热，时间不宜过长，以防发生意外。居住养老机构的心绞痛老人洗澡必须有护理员陪伴，以保证患者安全。

3. 病情监测　教会患者及家属心绞痛发作时的缓解方法。如用药后疼痛不缓解，或发作频繁，程度加重，应立即到医院就医，警惕心肌梗死的发生。

【心 肌 梗 死】

一、概述

心肌梗死（myocardial infarction，MI）是心肌长时间缺血导致的心肌细胞死亡。为在冠状动脉病变的基础上，发生冠状动脉血供急剧减少或中断，使相应心肌严重而持久地急性缺血导致的心肌细胞死亡。急性心肌梗死（acute myocardial infarction，AMI）临床表现有持久的胸骨后剧烈疼痛、发热、白细胞计数和血清心肌坏死标志物增高以及心电图进行性改变；可发生心律失常、休克或心力衰竭，属急性冠脉综合征（ACS）的严重类型。

美国致死性心肌梗死患者中，85%年龄＞65 岁，60%年龄＞75 岁。约 40%的老年心绞痛为非典型表现，可为无痛性，一部分患者以晕厥、心衰、呼吸困难、胃肠道症状起病常并发心源性休克、心衰甚至猝死；约 60%的老年人急性心肌梗死发生前 1 周左右常表现为持久的胸骨后疼痛、特征性的心电图改变和血清心肌酶水平的动态变化。

二、护理评估

（一）健康史

了解老年心肌梗死发作的诱因，饱餐、高脂肪餐、情绪激动、劳累、排便困难、脱水、外科手术、严重心律失常是老年人急性心肌梗死的主要诱因，发生的时间可在休息或睡眠时。

（二）身体状况

1. 症状

（1）胸痛：不典型，老年急性心肌梗死中有典型症状的患者不足 30%，高龄老人

笔记栏

则更少。老年人由于疼痛敏感性降低，痛阈增高，部分老年人没有明显的胸痛，而表现阵发性呼吸困难、神志不清、血压急剧下降，易合并心源性休克、心功能不全、心律失常。部分老年人症状较隐匿，表现为上腹部不适，恶心、呕吐、咽痛、牙痛等，应考虑有发生心肌梗死的可能。

（2）非Q波型心肌梗死：发生率高，老年AMI病程长，长期慢性缺血建立了冠状动脉侧支循环，因此部分老年心肌梗死患者心电图无Q波出现，多需结合心肌酶检测结果才能诊断。

（3）并发症：老年人多数在发生心肌梗死前存在各种疾病，如高血压、高血脂、糖尿病性阻塞性肺疾病、肺心病、脑血管疾病等，这些疾病相互影响，病死率较高。

知识链接

心肌梗死先兆

1. 突然严重的心绞痛发作。
2. 原有心绞痛性质发生改变（频率、程度、持续时间、含硝酸甘油无效）。
3. 伴有心功能不全或原有心功能不全症状明显加重。
4. 心绞痛时ST段一时性明显抬高或压低，T波增高或倒置，或出现严重心律失常。

2. 体征 心率多增快，也可减慢，心律不齐；心尖部第一心音减弱，可闻及“奔马律”；除AMI早期血压可增高外，几乎所有患者都有血压下降。

（三）心理社会状况

急性心肌梗死发病急骤、胸痛程度剧烈，或行紧急溶栓、介入治疗，患者易出现恐惧心理。患病后活动耐力和自理能力下降，入住冠心病监护病房（CCU）环境陌生，短时间内进行系列检查和治疗措施，患者及家属对预后的担心，易产生焦虑。

（四）辅助检查

1. 心电图检查：急性心肌梗死特异性演变过程，出现病理性Q波；部分患者仅有ST-T段改变，而无病理性Q波。

2. 心肌酶检查：肌钙蛋白I（cTnI）或T（cTnT）特异性很高，是诊断心肌坏死最特异和敏感的首选指标，目前临床普遍采用此项检查。肌酸激酶（CK）、谷草转氨酶（AST）、乳酸脱氢酶酶（LDH）是传统诊断心肌梗死的血清标记物，特异性不高。

（五）治疗要点

笔记栏

对ST段抬高的AMI，强调早发现、早入院治疗，加强入院前的就地处理，并尽量缩短患者就诊、检查、处置、转运等延误的时间。治疗原则是尽早使心肌血液再灌注，以挽救濒死的心肌，防止梗死面积扩大和缩小心肌缺血范围，保护和维持心脏功能，及时处理严重心律失常、心力衰竭和各种并发症，防止猝死，注重二级预防。

1. 一般治疗

（1）休息：患者未行再灌注治疗前，应绝对卧床休息，保持环境安静，防止不良刺激，解除焦虑。

（2）给氧：及时给氧，改善心肌缺血，提高动脉血含氧量，缓解呼吸困难、胸痛、休克等症状。

（3）监测：急性期应常规安置于冠心病监护病房，进行心电、血压、呼吸监测 3～5 天，除颤仪处于随时备用状态。

（4）阿司匹林：抗血小板聚集，为溶栓治疗前常规用药。无禁忌证患者立即口服水溶性阿司匹林或嚼服肠溶性阿司匹林，一般首次剂量达到 150～300mg，每天 1 次，3 天后 75～150mg，每天 1 次，长期维持。

2. 解除疼痛 老年心肌梗死多为无痛性，但也有剧烈疼痛者，此时应立即使用镇痛药。但要注意，老年心肌梗死患者，可出现心源性休克，故切勿用亚硝酸异戊酯吸入，以免因血压下降而导致不良后果，有条件者可肌内注射哌替啶（杜冷丁）50～100mg 或皮下注射吗啡 5～10mg，亦可针刺内关、外关、膻中穴以加强止痛效果。

3. 再灌注心肌 血管开通时间越早，挽救的心肌越多。积极的治疗措施是起病 3～6 小时（最多 12 小时）使闭塞的冠状动脉再通，心肌得到再灌注，濒临坏死的心肌可能得以存活或使坏死范围缩小，对梗死后心肌重塑有利，改善预后。①PCI：有条件的医院对具备适应证的患者应尽快实施直接 PCI，可获得更好的治疗效果。②溶栓治疗：发病 3 小时内，心肌梗死溶栓治疗血流完全灌注率高，获益最大。年龄≥75 岁者选择溶栓治疗时应慎重，并酌情减少溶栓药物剂量。③紧急主动脉-冠状动脉旁路移植术：介入治疗失败或溶栓治疗无效有手术指征者，争取 6～8 小时施行主动脉-冠状动脉旁路移植术。

4. 消除心律失常 心律失常必须及时消除，以免演变为严重心律失常甚至猝死。

5. 控制休克 患者发生 AMI 时有心源性休克，也伴有血容量不足、外周血管舒缩障碍等，因此，应在血流动力学监测下，补充血容量及应用升压药、血管扩张药和纠正酸中毒等抗休克处理。

6. 治疗心力衰竭 主要是治疗急性左心衰竭，以应用利尿药为主，也可选用血管扩张药减轻左心室的前、后负荷。AMI 发生后 24 小时内不宜用洋地黄制剂。

7. 其他治疗 根据病情，采用抗凝药物、β 受体阻滞药、极化液等改善心肌缺血

笔记栏

情况、减少并发症的发生。

三、主要护理问题/医护合作性问题

1. **疼痛** 胸痛，与心肌缺血坏死有关。

2. **活动无耐力** 与心肌氧的供需失调有关。

3. **恐惧** 与预感生命受到威胁有关。

4. **潜在并发症** 心律失常、心力衰竭、猝死。

5. **有便秘的危险** 与进食少、活动少、不习惯床上排便有关。

四、护理措施

1. 一般护理

（1）环境：保持环境安静，减少探视，防止不良刺激。避免吸烟环境，以免引起心肌梗死复发或梗死范围扩大，甚至引起猝死。

（2）饮食：起病后 4～12 小时给予流质饮食，以减轻胃扩张。随后过渡到低盐、低脂、清淡易消化的饮食，不宜过饱，少量多餐。

（3）休息与活动：发病 12 小时内应绝对卧床休息，并告知患者和家属休息可以降低心肌耗氧量和交感神经兴奋性，有利于缓解疼痛，以取得合作。急性期患者必须保证充足的睡眠，做到心理和身体的充分休息和放松。为了保证患者的安全，患者的早期活动必须遵循循序渐进的原则，根据病情及年龄制定个体化康复运动处方，康复训练必须在医护人员的监护下进行。当患者出现头晕、乏力、呼吸困难、心前区疼痛时应停止活动，活动量退回到前一个运动水平。

知识链接

心肌梗死院外自救

1. 立即就地休息。

2. 拨打急救电话，告知病情及具体地址，等待救护车的到来，切忌扶患者步行。

3. 给予硝酸甘油喷雾剂或舌下含服硝酸甘油等，可连续多次服用，亦可舌下含服速效救心丸、复方丹参滴丸等扩张冠状动脉的药物。

4. 如有条件，立即氧气吸入。

2. 病情观察 老年人心肌梗死早期容易发生心律失常、心率及血压的波动，入院后应立即进入 CCU 病房，尽早进行连续心电图和血压的监测。对心力衰竭或休克者，

笔记栏

宜做血流动力学监测。应严密观察神志、呼吸、心率、心律、血压的变化。一般连续监测 3～5 日，伴有严重并发症者应延长监测时间。

3. 吸氧 心肌梗死发生后，动脉血氧含量减少，给予患者吸氧可以缓解呼吸困难、胸痛、休克、发绀以及肺水肿等症状。老年患者可以适当提高氧分压，以增加氧的弥散能力，提高血氧含量，减轻心肌缺血，缩小梗死范围。常规用鼻导管（或鼻塞）及面罩供氧，氧浓度以 40%最佳。方法如下：①轻度缺氧伴严重二氧化碳潴留者，低流量给氧每分钟 1～2L。②无二氧化碳潴留者，持续中流量给氧每分钟 2～4L。③合并急性左心衰竭、肺水肿和心源性休克者，若氧分压＜80mmHg 可持续高流量给氧每分钟 4～6L，吸入氧浓度为 35%～45%。吸氧时间可持续 2～3 日，根据患者具体表现采取间断或定时给氧。

4. 疼痛护理 疼痛发作时应立即停止活动。遵医嘱给予吗啡或哌替啶镇痛，注意有无呼吸抑制等不良反应。指导患者舌下含服硝酸甘油或硝苯地平（心痛定）药物镇痛，维持收缩压在 100mmHg 以上。密切观察病情变化，评估疼痛的部位、性质、程度、持续时间，严密观察生命体征的变化、用药效果、胸痛有无缓解，发现异常及时告知医生进行处理。

5. 介入治疗护理 老年 AMI 患者介入治疗并发症相对较多，介入治疗后应连续心电监护，观察病情变化，注意有无再发心前区疼痛、心律失常、心力衰竭。

6. 溶栓治疗护理 AMI 发病 6 小时（最多 12 小时）内溶栓，溶栓前询问患者有无脑血管病史活动性出血、近期大手术或外伤史、未控制的重度高血压、消化性溃疡等溶栓禁忌证，溶栓药物 30 分钟内滴注完。颅内出血是老年人溶栓治疗最危险的并发症，随年龄增长而进行性增加。应严密观察患者有无头痛、意识改变、肢体活动障碍等症状，及时发现颅内出血征象。还应观察血压及心率变化，皮肤、黏膜出血情况，有无呕血、咯血及内脏出血。心电监护至少 72 小时，观察有无再灌注性心律失常、一过性低血压、急性肺水肿、心源性休克的发生。

7. 排便护理 心肌梗死患者由于卧床休息、消化功能减退、哌替啶或吗啡等镇痛药的应用等，使胃肠功能抑制，容易发生便秘，尤其是老年患者。指导患者采取预防便秘的措施，如多食蔬菜、水果等富含纤维素的食物，顺时针方向按摩腹部，预防性应用缓泻药如番茄叶、果导、麻仁丸等。排便时应屏风遮挡，减轻患者心理负担。养成定时排便的习惯，定时给便器。病情许可时，让患者适当活动以促进肠蠕动。出现排便困难要立即通知医生及时处理。可使用开塞露、低压灌肠甚至人工取便。嘱患者切勿用力屏气，以免发生意外。必要时在排便前预防性给予硝酸异山梨酯舌下含化。

8. 心理安慰 疼痛等不良情绪会增加心脏负担和心肌耗氧量，应耐心细致地对患

笔记栏

者进行安慰，消除患者的紧张心理，及时给予帮助，提高患者战胜疾病的信心。

五、健康教育

1. **预防指导** 改变以往不良生活方式，制订作息时间表，劳逸结合。指导患者合理膳食、控制体重，适当运动、合理安排生活起居，戒烟限酒、减轻精神压力、积极控制危险因素、调整日常生活与工作。同时避免诱发因素，告知患者及家属过劳、情绪激动、饱餐、寒冷刺激等都是心绞痛发作的诱因，应注意尽量避免。

2. **知识宣教** 向患者及家属介绍本病的发病诱因、临床类型、发病特点、并发症。教育患者保持良好的心态，正确看待自己的病情，积极配合治疗。指导患者遵医嘱服药，能够观察药物的副作用。外出时随身携带急救药物。

患者康复训练在医护人员的监护下进行，无并发症的患者一般可参照以下活动计划：心肌梗死后第1～3日，绝对卧床休息，进食、排便、洗漱、翻身等一切活动由护理人员协助完成；第4～6日，卧床休息，可在床上进行肢体的被动和（或）主动活动，或由床上坐起，逐渐过渡坐在床边；第1～2周开始在床边、病室内走动，床边完成洗漱、进食等活动，以不感到疲劳为限，以后视病情和患者对活动的反应，逐渐适当增加活动量和活动时间；第3～4周，在严密观察下可试着进行上下楼梯的活动，病情稳定者可出院疗养。再恢复正常生活一般至少需3个月时间。对病情严重，有并发症的患者卧床休息时间应适当延长，直至并发症得到控制，病情稳定7日后再参照上述计划逐步增加活动量。

当患者出现心前区不适，收缩压下降超过10mmHg或血压异常增高，脉率增快，心率大于每分钟110次，心电图出现ST段偏移或心律失常等情况之一，表示活动量过大，给予及时调整并做好对症处理。

3. **病情监测** 教会患者及家属学会识别病情变化和急救措施。心绞痛发作时的缓解方法：胸痛发作时应立即停止活动或舌下含服硝酸甘油。如服用硝酸甘油不缓解或心绞痛发作比以往频繁、程度加重、疼痛时间延长，应立即到医院就诊，警惕心肌梗死的发生。不典型心绞痛发作时可能表现为牙痛、上腹痛等为防止误诊，可先按心绞痛发作处理并及时处理。告知患者应定期复查心电图、血糖、血脂等。

实 践 项 目

项目名称	操作流程	技术要求
口腔护理技术	准备	人员准备：洗手，戴口罩 物品准备：①治疗盘：治疗碗、足量无菌棉球、漱口液、血管钳、弯盘、压舌板、纱布、干毛巾、手电筒、漱口杯内备温开水及吸水管、棉签，必要时备液状石蜡、外用药。②治疗车、洗手液、记录单、笔、医疗垃圾筒、生活垃圾筒等 环境准备：整洁、舒适

笔记栏

续表

项目名称	操作流程	技术要求
口腔护理技术	评估	1. 核对：床号、姓名 2. 向患者解释并取得合作 3. 评估患者身体及口腔情况，有义齿者先取出
	实施	1. 安置体位　协助患者侧卧或抬高头胸部、头偏向护理人员一侧，将干毛巾平铺于患者的颈下及枕上 2. 协助漱口　用棉签蘸清水湿润口唇，协助患者漱口，吐至弯盘内 3. 清洁口腔　左手持镊夹取棉球，右手持钳绞干棉球 嘱患者咬合上下齿，压舌板撑开左侧颊部；纵形由内向外擦牙外侧面 嘱患者张口，擦左上内侧面→左上咬合面→左下内侧面→左下咬合面→左侧颊部 同法擦右侧，嘱患者张口，擦右上内侧面→右上咬合面→右下内侧面→右下咬合面→右侧颊部 擦硬腭、舌上面、舌下面 4. 漱口涂药　检查口腔，协助患者漱口，擦净口面部，有口腔感染者根据医嘱涂药 5. 安置整理　撤弯盘、治疗巾；协助患者取舒适体位，整理床单位；清点棉球；整理用物

目标检测

一、选择题

1. 不符合老年高血压特点的有（　　）

A. 心、脑、肾靶器官并发症多见　B. 血压波动较大

C. 多以收缩压升高为主　D. 易发生直立性低血压

E. 多以舒张压升高为主

2. 关于老年人高血压的膳食指导，错误的是（　　）

A. 减少膳食脂肪　B. 控制热量的摄入

C. 限制钠盐　D. 严格戒烟

E. 绝对戒酒

3. 急性心肌梗死患者应避免排便用力，其目的是（　　）

A. 用力过度引起虚脱　B. 腹压增高加剧呕吐

C. 血压陡升，脑溢血　D. 心负荷急剧加重致猝死

E. 血流加速引起脑栓塞

4. 发生心肌梗死时最先出现的症状是（　　）

A. 心律失常　B. 低血压性休克

C. 疼痛　D. 呼吸困难、疼痛

E. 恶心、呕吐

5. 患者，女性，68 岁。口服高血压降压药半小时，下床时晕倒，平卧休息后好转，

笔记栏

首先考虑（ ）

A. 心源性休克　　B. 高血压脑病　　C. 直立性低血压

D. 急性左心衰竭　　E. 高血压危象

二、简答题

1. 老年高血压的特点。
2. 如何预防高血压?
3. 心绞痛发作时的急救措施。
4. 如何指导老年人服用硝酸甘油?
5. 冠心病的健康教育。

三、案例分析题

（一）患者，女性，70 岁。因反复晕厥、胸闷 1 个月，加重伴气急、头晕、咽部堵塞感或濒死感 1 周入院。医嘱：给予间隙性氧气吸入，检查血常规、血沉、心肌酶、心电图、活动平板试验、心肌显像检查，必要时做冠状动脉造影。

问题：

1. 该患者目前存在哪些主要护理问题?
2. 怎样配合医生进行相应的处理。

（二）患者，男性，66 岁。因剧烈的心前区疼痛无法缓解而入急诊室。躁动不安，面色苍白，呼吸急促。以往有冠心病病史 12 年。入院后立即进行心电图检查，发现病理性 Q 波，ST 段抬高。血清心肌酶含量异常增高。

问题：

1. 患者最可能的医疗诊断是什么？
2. 此时最重要的护理诊断是什么？列出相应的护理措施。

【选择题参考答案】

1. E　2. E　3. D　4. C　5. C

（缪礼红）

笔记栏

项目四

消化系统疾病的护理

学习目标

1. 熟悉消化系统疾病的病因、护理评估、护理问题。
2. 掌握消化系统疾病的护理措施。
3. 了解消化系统疾病的治疗要点。
4. 能够根据病情选择合理的护理措施并正确实施。
5. 能够进行化系统疾病的健康教育。

消化系统包括口腔、咽、食管、胃、小肠（十二指肠、空肠和回肠）、大肠（盲肠、阑尾、结肠、直肠和肛管）、肝、胆、胰等脏器，主要生理功能是摄取和消化食物、吸收营养。

消化系统疾病为器质性或功能性疾病，种类多，且多为常见病和多发病。我国居民慢性疾病患病率的前十种疾病中包括了胃肠炎、胆结石和胆囊炎、消化性溃疡3种疾病；消化系统疾病是我国城市居民住院治疗的第二位原因。近年来，随着社会发展和医学科学的发展，我国消化系统疾病谱发生了变化。幽门螺杆菌的发现和研究进展，使消化性溃疡已有可能被彻底治愈，其发病率已趋下降。而由于人们生活方式、饮食习惯的改变，一些以往我国较少见的疾病的发病率有逐年增高的趋势，如胃食管反流病、功能性胃肠病、炎症性肠病、酒精性和非酒精性脂肪性肝病等，恶性肿瘤如结肠癌、胰腺癌的发病率也在增加。

知识链接

消化系统老化

1. 口腔　老年人牙齿逐渐磨损，牙龈萎缩，使牙根暴露；牙釉质变薄、发黄，使釉质下神经末梢外露，对冷、热、酸、甜、咸、苦、辣等刺激过敏，易产生酸痛。牙槽骨萎缩脱落，牙列变松，食物残渣易残留，使龋齿、牙龈炎的发病率上升；牙齿松动、脱落，使咀嚼能力显著下降，影响营养的吸收，容易发生营养不良。味觉功能减退，对

笔记栏

酸、甜、苦、咸的敏感性下降，特别对咸味感觉显著迟钝。

2. 食管　老年人食管黏膜逐渐萎缩，黏膜固有层的弹力纤维增加，而发生不同程度的咽下困难。食管下段括约肌松弛，活动减慢，而食管蠕动性收缩减少，使食管排空延迟，食管扩张，输送食物的功能减弱。同时，因食管下段括约肌压力的下降，胃十二指肠内容物自发性反流，而使老年人反流性食管炎、食管癌的发病率增高。由于食管平滑肌的萎缩，使食管裂孔增宽，从而使老年人食管裂孔疝的发生率也增高。

3. 胃　胃黏膜变薄，平滑肌萎缩、弹性降低，胃腔扩大，易出现胃下垂。老年人胃腺体萎缩，胃酸分泌减少，60 岁下降到正常水平的 40%～50%，对细菌杀灭作用减弱；胃蛋白酶原分泌减少，使胃消化作用减退，影响蛋白质、维生素、铁等营养物质的吸收，可导致老年人营养不良、缺铁性贫血。胃蠕动减慢，胃排空时间延长，使老年人容易发生慢性胃炎、胃溃疡、胃癌、消化不良、便秘等。

4. 肝、胆　肝脏实质细胞减少、变性，肝脏萎缩使肝脏重量逐渐减少；随着肝细胞数的减少，可出现白蛋白降低、球蛋白增高；肝内结缔组织增生，容易造成肝纤维化和硬化。由于肝功能减退，药物在肝脏内代谢、排出速度减慢，易引起药物性不良反应，甚至产生毒性作用。故老年人长期服用某些药物应考虑到肝脏药物代谢动力学的改变。胆囊不易排空，胆汁黏稠，胆固醇增多，易使胆汁淤积而发生胆结石。

5. 胰腺　50 岁后胰腺重量逐渐减轻，胰腺的外分泌腺功能下降，主要是脂肪酶减少，影响了老年人对脂肪的消化吸收，易产生脂肪泻。胰腺分泌胰岛素的生物活性下降，导致葡萄糖耐量下降，容易患老年性糖尿病。

6. 肠　小肠黏膜和肌层萎缩，肠上皮细胞数减少，绒毛活动减弱，腺体萎缩，小肠液分泌减少，肠壁血管硬化，血液供给减少，使肠蠕动减弱，排空时间延迟，小肠吸收功能减退，易造成老年人吸收不良，甚至出现急性肠麻痹。结肠壁的肌肉或结缔组织变薄，加之老年人活动减少，使肠内容物通过时间延长，水分重吸收增加，向前推进粪便的动力不足，直肠对扩张的敏感性降低，故老年人易发生便秘。

老年人由于消化系统各器官的老化，日常活动减少，基础代谢率低，消化功能进一步减退，甚至出现吸收和排泄功能障碍，使老年人的消化系统受到损害，发生消化系统疾病，直接影响老年人的生活质量。

任务一　胃食管反流病患者的护理

案例 4-1

笔记栏

患者，女性，62 岁，餐后烧心、反酸、反胃、嗳气伴有间歇性吞咽困难 2 年，加重伴咳嗽、气喘3天。2年前进食后出现烧心、反酸、反胃、嗳气，在当地县医院行上消化道造影示慢性胃炎，口服胃药治疗有效，后症状反复发作，间断服用“多潘立酮、法莫替丁、奥美拉唑等”，可控制症状，在进食固体食物时有明显吞咽困难，3天前上述症状加重，伴有咳嗽、气喘。既往史：无特殊。体格检查：T 36.3℃，P 76次/分，R 18次/分，BP 128/78mmHg。神志清楚，发育正常，精神稍差，双肺呼吸音清，双肺未闻及干、湿啰音，心律齐，心率76次/分，腹软，剑突下轻压痛，无反跳痛及肌紧张，麦氏点无压痛，莫氏征阴性，肝脾未及，肠鸣音正常，移动性浊音阴性，两下肢无水肿。X线钡餐检查有食管裂孔的表现。24小时pH监测示：食管病理性酸反流重度。

问题： 1. 患者当前主要的护理问题。

2. 针对护理问题提出相应的护理措施。

一、概述

胃食管反流病（gastroesphageal reflux disease，GERD）指胃十二指肠内容物反流入食管引起烧心等症状，可引起反流性食管炎以及咽喉、气道等食管邻近的组织损害。胃食管反流病在西方国家十分常见，患病率为10%～20%，40～60岁为高峰发病年龄，男女发病无差异。我国北京地区老年人的发病率为8.6%。随着我国经济发展所带来的生活方式改变及人口老龄化等问题，发病率逐渐升高。

（一）病因

胃食管反流病是由多种因素造成的消化道动力障碍性疾病，其主要发病机制是抗反流防御机制减弱和反流物对食管黏膜攻击作用的结果。

1. 食管抗反流防御机制减弱

（1）抗反流屏障功能减弱：食管下括约肌（LES）是食管和胃连接处抗反流的高压带，能防止胃内容物反流入食管。当LES功能异常时，可引起LES压下降，从而导致胃食管反流。导致LES压降低的因素：贲门失弛缓症术后；缩胆囊素、胰高血糖素、血管活性肠肽等激素；高脂肪、巧克力等食物；钙拮抗药、地西泮等药物；腹内压增高的因素；胃内压增高等。另外，一过性LES松弛也是近年研究发现引起胃食管反流的一个重要因素。

（2）食管对胃反流物的廓清能力障碍：正常情况下，一旦发生胃食管反流，大部分反流物通过1～2次食管自发和继发性蠕动性收缩将食管内容物排入胃内，是食管廓清的主要方式。剩余的则由唾液缓慢中和。因此食管蠕动异常或唾液分泌异常也参与胃食管反流病的致病作用。常见导致食管蠕动和唾液分泌异常的疾病如干燥综合征、食管裂

笔记栏

孔疝患者，因部分胃经膈食管裂孔进入胸腔，除改变 LES 结构外，也可降低食管对反流物的清除。

（3）食管黏膜屏障作用下降：反流物进入食管后，食管借助食管黏膜屏障，包括：①上皮前因素：黏液层、黏膜表面的 HCO_3^-浓度。②上皮因素：上皮细胞间连接结构和上皮运输、细胞内缓冲系统、细胞代谢功能等。③上皮后因素：组织的基础酸状态和血液供应情况，发挥其抗反流物对食管黏膜损伤的作用。因此，任何导致食管黏膜屏障作用下降的因素，如长期吸烟、饮酒以及抑郁等，将削弱食管黏膜抵御反流物损害的功能。

2. 反流物对食管黏膜的攻击作用 在食管抗反流防御机制减弱的基础上，反流物刺激和损害食管黏膜，其中胃酸与胃蛋白酶是反流物中损害食管黏膜的主要成分。近年对胃食管反流病监测证明存在胆汁反流，其中的非结合胆盐和胰酶是主要的攻击因子，参与损害食管黏膜。

（二）分类

根据有无组织学改变分为两类：

1. 反流性食管炎 食管有炎症组织学改变。

2. 症状性反流 无炎症组织学改变，但客观方法证实有反流。

二、护理评估

（一）健康史

询问老年人首次发病的时间、有无吞咽困难、胃部烧灼感及发生的时间与饮食、体位的关系；有无引起胃食管反流病的消化性疾病和全身性疾病史；饮食是否油腻，有无吸烟、喝浓茶及饮料的习惯；是否服用松弛食管下括约肌的药物，如地西泮、吗啡等；询问患者大小便情况。

（二）身体状况

1. 食管症状

（1）胸骨后疼痛或烧灼感：疼痛部位在胸骨后或剑突下，可放射至胸部、后背、肩部、颈部、耳后。其发生时间与进食的关系，多在进食后 1 小时发生，常在弯腰、咳嗽、用力排便、头低位仰卧或侧卧时诱发。

（2）消化道症状：反酸、反食、反胃、嗳气等症状。吞咽困难呈间歇性，进食固体或液体食物都可发生。严重食管炎或食管溃疡者有咽下疼痛的症状。

笔记栏

2. 食管外症状 有咳嗽、哮喘及声嘶的表现。咳嗽常在夜间，呈阵发性，伴有气喘。

3. 并发症 主要有上消化道出血、食管狭窄、巴雷特（Barrett）食管。巴雷特食管是在反流性食管炎的基础上，内镜下食管黏膜出现胃黏膜的橘红色，分布可为环形、舌形或岛状，是食管腺癌的癌前病变。

（三）心理社会状况

患病老年人因进食或餐后不适，会对进餐产生焦虑、恐惧心理。同时会因在食物选择方面的有限性而减少与家人、朋友共同进餐的机会，减少正常的社交活动。

（四）辅助检查

1. 内镜检查 是诊断反流性食管炎最准确的方法，并能判断反流性食管炎的严重程度和有无并发症。内镜下无反流性食管炎不能排除胃食管反流病。

2. 24小时食管pH监测 是诊断胃食管反流病的重要检查方法，可提供食管是否存在过度酸反流的客观证据，并了解酸反流的程度及其与症状发生的关系。酸反流得分＞15份为阳性。

3. 食管钡餐X线检查 对诊断反流性食管炎敏感性不高。对不愿接受或不能耐受内镜检查者行该检查，可排除食管癌等其他食管疾病，可发现严重反流性食管炎阳性X线征。可见食管下段运动异常或食管黏膜不光滑、食管裂孔疝的表现。

4. 食管滴酸试验 通过食管酸化诱发患者症状，确定症状是否与反流有关。在滴酸过程中，出现胸骨后疼痛或烧心的患者为阳性，且多在滴酸的最初15分钟内出现。

（五）治疗要点

治疗目的是控制症状、治愈食管炎、减少复发和防治并发症。

1. 一般治疗 改变生活方式与饮食习惯；避免应用降低LES受压的药物及引起胃排空延迟的药物。

2. 药物治疗

（1）促胃肠动力药：如多潘立酮、莫沙必利、依托必利等，这类药物可能通过增加LES压力，改善食管蠕动功能、促进胃排空。适用于轻症患者或作为抑酸药的辅助治疗药物。

（2）抑酸药：①H_2受体拮抗药：如西咪替丁、雷尼替丁、法莫替丁等。能减少胃酸分泌，但不能有效抑制进食刺激引起的胃酸分泌，适用于轻、中症患者。②质子泵抑制药：如奥美拉唑、兰索拉唑、泮托拉唑等。药物抑酸作用强，适用于症状重、有严重

笔记栏

食管炎者。③抗酸药：如氢氧化铝、铝碳酸镁及其复方制剂等。仅用于症状轻、间歇发作患者临床缓解症状。

胃食管反流病具有慢性复发倾向，为减少症状复发，防止食管炎反复发作引起的并发症，应使用 H_2 受体拮抗药或质子泵抑制药进行维持治疗，质子泵抑制药效果最好。

3. 抗反流手术治疗 对需要长期使用大剂量质子泵抑制药维持治疗者，根据患者的意愿考虑抗反流手术；确诊由反流引起严重呼吸道疾病者及质子泵抑制药疗效欠佳者，宜考虑抗反流手术。

4. 并发症治疗 并发食管狭窄者可行内镜下食管扩张治疗，术后长程质子泵抑制药维持治疗；Barret 食管患者使用质子泵抑制药治疗及长程维持治疗，并加强随访，以早期发现癌变。

三、主要护理问题/医护合作性问题

1. 疼痛 与胃酸反流刺激食管黏膜有关。

2. 营养失调 低于机体需要量，与畏食和吞咽困难导致进食少有关。

3. 焦虑 与病程长、症状持续、饮食限制、生活质量受影响有关。

4. 吞咽障碍 与反流引起食管狭窄有关。

5. 潜在并发症 食管出血、穿孔。

四、护理措施

1. 一般护理

（1）饮食：少食多餐，避免过饱，进餐时协助老年人采取高坐卧位，注意力要集中，给予充分的时间，不要催促老年人，避免餐后立即平卧；忌烟酒、酸食、浓茶、咖啡、可口可乐、巧克力等刺激性食物的摄入；肥胖者要限食脂肪控制体重。

（2）休息与活动：每餐后散步或采取直立体位，卧床老年人抬高床头 20cm 或将枕头垫在背部抬高，借助重力作用，促进睡眠时食管的排空和饱餐后胃的排空尽量避免右侧卧位，避免反复弯腰及抬举动作。

2. 病情观察 观察老年患者反流症状、反流物刺激食管症状、食管外刺激症状等生理变化以及由于疾病引起的心理、社会活动的改变等。

3. 用药护理 在用药过程中要注意观察药物的疗效和副作用。①抑酸药：使用质子泵抑制药宜在饭前 1 小时和临睡前服用；使用 H_2 受体拮抗药宜在餐后和睡前各服一次。②促胃肠动力药：如多潘立酮、西沙必利。服用西沙必利时注意观察有无腹

笔记栏

泻及严重心律失常的发生。③黏膜保护剂药：如硫糖铝，使用硫糖铝时应警惕老年人便秘的危险。

4. 手术前后的护理 手术前做好老年人的心理疏导，减轻其心理负担。保证营养摄入，维持水、电解质平衡。保持口腔卫生，练习有效咳痰和腹式深呼吸。术前安置胃管持续吸引。手术后严密监测生命体征，保持胃肠减压管通畅。避免给予吗啡、以防老年人术后早期呕吐。当肠蠕动恢复及肛门排气后，可进食清淡流质饮食，避免进食生、冷、硬及易产气的食物。

5. 心理护理 向老年人讲解引起胃部不适的相关知识，教会减轻胃部不适的方法和技巧，减轻心理压力；为老年人创造参加聚会的机会，如适度的娱乐活动、朋友聚会等，增加老年人的归属感。

五、健康教育

1. 预防指导 向老年人及家属介绍 GERD 的有关知识，指导其了解并避免导致 LES 压降低的各种因素。如避免摄入过多促进反流和胃酸过量分泌的高脂肪食物；鼓励老年人咀嚼口香糖，增加唾液分泌中和反流物；适当控制体重，减少由于腹部脂肪过多引起的腹压增高；平时避免重体力劳动和高强度体育锻炼等。

2. 知识宣教 改变不良生活方式及饮食习惯是保证治疗效果的关键。指导老年人合理饮食，避免暴饮暴食、忌食辛辣制品和碳酸饮料等。改变生活方式或生活习惯对多数患者能起到一定的疗效。

3. 病情监测 指导患者严格按医嘱规定的剂量、用法服药，了解药物的主要不良反应。应用制酸药的患者，治愈后逐渐减少剂量直至停药或者改用缓和的其他制剂再逐渐停药。平时自备胃达喜、硫糖铝等碱性药物，出现不适症状时可服用。出现胸骨后灼热感、胸痛、吞咽不适等症状加重时，应及时就诊。

任务二 慢性胃炎患者的护理

案例 4-2

患者，男性，66 岁。反复上腹部胀痛、不适、嗳气、反酸、恶心 5 年，加重 1 周。5 年前饮酒后出现上腹部疼痛、恶心、反酸，予"丽珠得乐"口服后好转，此后病情反复发作，尤其饮酒、进食辛辣、刺激、寒冷食物后加重，1 周前饮酒后上腹部疼痛加重，以胀痛为主，伴恶心、反酸、呃逆、嗳气、食欲缺乏，无呕吐、无腹泻，无便血。既往体健，无肝炎病史。饮酒史 36 年，每日 3 两白酒或 2 瓶啤酒。否认药物过敏史。体格

笔记栏

检查：T 36.0℃，P 72 次/分，R 16 次/分，BP 130/80mmHg。神志清楚，发育正常，精神不振，双肺呼吸音清，双肺未闻及干、湿啰音，心律齐，心率 74 次/分，腹软，上腹部正中轻压痛，无反跳痛及肌紧张，麦氏点无压痛，莫氏征阴性，肝脾未及，肠鸣音正常，移动性浊音阴性，两下肢无水肿。胃镜检查：胃小弯黏膜粗糙不平，可见点状红斑，黏膜水肿，局部有渗出。幽门螺杆菌检测阳性。

问题： 1. 患者当前主要的护理问题。

2. 针对护理问题提出相应的护理措施。

一、概述

慢性胃炎（chronic gastritis）指各种病因引起的胃黏膜慢性炎症，是临床常见病、多发病。据胃镜普查统计，50 岁以上的人 50%患有慢性胃炎，其发病率位居各种胃病之首，是老年人最常见的消化系统疾病。

（一）病因

老年肺炎大多数是病原体感染引起的，以细菌为主，或病毒感染合并细菌感染。细菌感染则以革兰阳性球菌居多，且多为混合性细菌感染。但革兰阴性杆菌也很重要，特别在衰弱的老年患者更为多见。某些物理化学和过敏因素亦可引起肺炎。放射线可以损伤软组织，发生炎性反应。另外，各种原因所致吞咽困难常引起误吸也是诱发肺炎的原因之一。

1. 幽门螺杆菌感染 幽门螺杆菌感染是引发慢性胃炎最主要的病因。其长期存在可引起细胞损坏，造成黏膜损害和炎症，还可诱导自身免疫反应，最终导致胃黏膜的慢性炎症。

2. 饮食和环境因素 流行病学资料显示，饮食中高盐和缺乏新鲜蔬菜、水果与慢性胃炎的发生密切相关。

3. 自身免疫 自身免疫性胃炎以富含壁细胞的胃体黏膜萎缩为主，壁细胞损伤后能作为自身抗原刺激机体的免疫系统而产生相应的壁细胞抗体和内因子抗体，破坏壁细胞，使胃酸分泌减少乃至缺失，还可影响维生素 B_{12} 吸收，导致恶性贫血。

4. 其他因素 长期饮浓茶、烈酒、咖啡，食用过热、过冷、过于粗糙的食物，可损伤胃黏膜；服用大量非甾体抗炎药可破坏黏膜屏障；各种原因引起的十二指肠液反流，因其中的胆汁和胰液等会削弱胃黏膜的屏障功能，使其易受胃酸-胃蛋白酶的损害。

笔记栏

（二）分类

我国目前采用国际上新悉尼系统（update Sydney system）的分类方法，将慢性胃炎分为以下 3 类。

1. 慢性非萎缩性胃炎 以往称浅表性胃炎，是指不伴有胃黏膜萎缩性改变、胃黏膜层以淋巴细胞和浆细胞为主的慢性炎症细胞浸润的慢性胃炎，幽门螺杆菌感染是这类慢性胃炎的主要病因。

2. 慢性萎缩性胃炎 胃黏膜已发生了萎缩性改变的慢性胃炎，常伴有肠上皮化生。慢性萎缩性胃炎又可再分为多灶萎缩性胃炎和自身免疫性胃炎两大类。

（1）多灶萎缩性胃炎：萎缩性改变在胃内呈多灶性分布，以胃窦为主，多由幽门螺旋杆菌感染引起的慢性浅表性胃炎发展而来。

（2）自身免疫性胃炎：萎缩性改变主要位于胃体部，由自身免疫引起。

3. 特殊类型胃炎 种类很多，由不同病因所致，临床上较少见。如感染性胃炎、化学性胃炎等。

二、护理评估

（一）健康史

了解老年人首次发病的时间、胃部疼痛的程度及伴随症状；有无饮浓茶、酒、咖啡等不饮食习惯；是否服用非甾体药物等；既往是否有糖尿病、慢性肝病、扁桃体炎等疾病。

（二）身体状况

1. 症状 进食后上腹部饱胀或隐痛、反酸、嗳气、食欲缺乏。如有胆汁反流时，可见持久的上腹部不适或疼痛，尤以进餐后为甚。慢性萎缩性胃炎患者常表现为上腹部烧灼样疼痛，严重时有缺铁性贫血、消瘦、舌炎和腹泻等。

2. 体征 部分患者上腹部有压痛。

（三）心理社会状况

老年人由于长期的进食后腹痛等不适易引起焦虑。同时由于食欲下降、贫血等引起活动无耐力，从而减少正常的社交活动。

（四）辅助检查

1. 胃镜及胃黏膜活组织检查 是最可靠的诊断方法。通过胃镜在直视下观察黏膜

笔记栏

病损。在充分活组织检查基础上以病理组织学诊断明确病变类型。

2. 幽门螺杆菌监测 可通过侵入性（如快速尿素酶测定、组织学检查等）和非侵入性（如 ^{13}C 或 ^{14}C 尿素呼气试验等）方法检测幽门螺杆菌。

3. 血清学检查 自身免疫性胃炎时，抗壁细胞抗体和抗内因子抗体可呈阳性，血清促胃液素水平明显升高。多灶萎缩性胃炎时，血清促胃液素水平正常或偏低。

4. 胃液分析 自身免疫性胃炎时，胃酸缺乏；多灶萎缩性胃炎时，胃酸分泌正常或偏低。

（五）治疗要点

本病以对症治疗为主，包括根除幽门螺杆菌（Hp）感染，根据病因给予相应处理及对症处理，同时定期复查，避免癌变。

1. 根除幽门螺杆菌感染 目前多采用的治疗方案为一种胶体铋剂或一种质子泵抑制药加上两种抗菌药物，如常用枸橼酸铋钾与阿莫西林及甲硝唑 3 药联用，2 周为 1 个疗程。

2. 对症治疗 因非甾体抗炎药引起者，应停药并给予抗酸药。有胆汁反流者，口服氢氧化铝凝胶吸附，或予以硫糖铝及胃动力药；胃酸过多者，可给予法莫替丁、奥美拉唑、丙谷胺、硫糖铝片；胃酸偏低或胃酸缺乏的慢性萎缩性胃炎，可给予 1%稀盐酸、胃蛋白酶合剂口服以补充胃酸和胃蛋白酶的不足；有明显胃痛症状者，可给予解痉药，如莨菪片、颠茄合剂、普鲁苯辛等；有嗳气、腹胀等胃动力学改变者，可口服多潘立酮、西沙比利等。

3. 自身免疫性胃炎的治疗 目前尚无特异治疗，对有营养不良和恶性贫血者，应及时补充铁剂及维生素 B_{12} 等。

4. 胃黏膜异型增生的治疗 除给予上述积极治疗外，关键在于定期随访。对明确的重度异型增生可选择预防性内镜下胃黏膜切除术。

三、主要护理问题/医护合作性问题

1. 疼痛 与胃黏膜炎性病变有关。

2. 营养失调 低于机体需要量，与畏食，消化吸收不良等有关。

3. 焦虑 与病情反复、病程迁延等有关。

4. 知识缺乏 缺乏对慢性胃炎病因和预防知识的了解。

5. 潜在并发症 胃癌。

笔记栏

四、护理措施

1. 一般护理

(1) 环境：保持室内适宜的温度。

(2) 饮食：鼓励患者少量多餐进食，以摄入高蛋白、高热量、高维生素、易消化的饮食为原则，养成细嚼慢咽的习惯。避免摄入过咸、过甜、过辣等刺激性食物及不易消化的食物，忌暴饮暴食和饮烈酒。

(3) 休息与活动：急性发作时应卧床休息，并可用转移注意力、做深呼吸等方法来减轻焦虑，缓解疼痛。疼痛缓解时，适当休息，以增强机体抗病力。

2. 病情观察　观察老年患者中上腹不适、饱胀、食欲缺乏、嗳气、反酸等消化不良症状以及腹痛的性质和规律。同时注意有无上消化道出血、贫血症状及其他并发症。

3. 用药护理　遵医嘱根治幽门螺杆菌感染时，注意观察药物的疗效及不良反应。

(1) 胶体铋剂：枸橼酸铋钾（CBS）为常用制剂，因其在酸性环境中起作用，故宜在餐前半小时服用。部分患者服用 CBS 后出现便秘和粪便变黑，停药后可自行消失。

(2) 抗菌药物：阿莫西林服用前应询问患者有无青霉素过敏史，应用过程中注意有无迟发性过敏反应的出现，如皮疹。甲硝唑可引起恶心、呕吐等胃肠道反应，应在餐后半小时服用，并可遵医嘱用甲氧氯普胺、维生素 B_{12} 等拮抗。

4. 对症护理　疼痛患者可以用热水袋热敷胃部，以解除胃痉挛，减轻腹痛。

5. 心理护理　向患者宣讲疾病的有关知识，进行心理疏导，使患者了解自己的病情，掌握疾病的基本常识，减轻患者的心理压力，树立治疗的信心，积极主动地参与预防和治疗。指导老年人适当参加力所能及的活动，保持乐观豁达的心态，认识到急躁、抑郁等不良情绪对消化系统有负面影响。帮助老年患者确立积极健康的生活态度。

五、健康教育

1. 预防指导　注意饮食营养，养成有规律的饮食习惯；避免过冷、过热、辛辣等刺激性食物及浓茶、咖啡等饮料；嗜酒者应戒酒，防止胃黏膜损伤。

2. 知识宣教　向患者及家属介绍本病的有关病因，避免诱发因素。鼓励患者保持良好的心理状态，平时生活要有规律，合理安排工作和休息时间，注意劳逸结合，积极配合治疗。根据患者的病因、具体情况进行指导，如避免使用对胃黏膜有刺激的药物，必须使用时应同时服用制酸药或胃黏膜保护药；介绍药物的不良反应，如有异常及时复诊，定期门诊复查。

笔记栏

3. 病情监测 观察并记录每天进餐次数、量、品种，了解其摄入的营养素能否满足机体需要。定期测量体重，监测有关营养指标的变化。防治胃炎恶变，萎缩性胃炎、肠上皮化生及腺瘤样息肉均认为是癌前病变，指导患者积极治疗，预防浅表性胃炎向萎缩性胃炎、肠上皮化生发展。如有反复发作溃疡、出血或多发性息肉者，必须定期到医院检查，必要时可考虑手术治疗以防恶变。

实 践 项 目

项目名称	操作流程	技术要求
协助卧床老人进食	准备	人员准备：洗手 物品准备：①餐盘：食物模型、饭碗、水杯内备温开水及吸水管、餐具（筷子、汤匙）；②毛巾、水盆、洗手液、生活垃圾筒 环境准备：整洁、舒适
	评估	1. 核对：床号、姓名 2. 说明进食时间和本次进餐食物，询问老年人有无特殊要求 3. 评估拒绝进食原因，能有效排除影响进食的因素，如生理问题，疾病问题，体位问题；如评估老年人由于心理原因拒绝进食
	实施	1. 鼓励进食　根据老年人心理需求，与其进行有效沟通；语言得体并应用恰当的肢体语言 2. 摆放体位　根据老年人情况采取适宜的进食体位；为老年人带上围裙或铺垫毛巾 3. 协助进餐　准备食物合理并放置妥当；嘱老年人进食时细嚼慢咽，不边食边说，免呛咳；估计食物温度方法正确；用汤勺喂食时，每一口为汤勺的 1/3 量为宜；喂饭的频率适当；不同食物的进食顺序合理（如先汤后饭、先素后荤）；适当对食物进行二次加工 4. 效果评价　询问老人进餐后的舒适度；协助老年人进餐后漱口，用毛巾擦干口角水痕；叮嘱老年人保持进餐体位 30 分钟后再换位休息 5. 安置整理　清扫整理床单位；整理餐具放回原处备用，必要时进行消毒、洗手、记录

目 标 检 测

一、选择题

1. 下列关于胃食管反流病胸痛的叙述，错误的是（　　）

A. 反流物刺激食管痉挛所致　　B. 疼痛可发生在胸骨后

C. 疼痛不向他处放射　　D. 疼痛可为剧烈刺痛

E. 疼痛发生与进食有关

2. 慢性胃炎的发病可能与哪种细菌感染有关（　　）

A. 大肠埃希菌　　B. 沙门菌　　C. 幽门螺杆菌

D. 空肠弯曲菌　　E. 嗜盐杆菌

3. 抑制胃酸药作用最强的药物是（　　）

A. H_2受体拮抗药　　B. 抗胆碱能药物　　C. 丙谷胺

D. 奥美拉唑　　E. 前列腺素

笔记栏

4. 慢性胃炎最常见的临床表现是（　　）

A. 上腹饱胀不适、疼痛　　B. 无症状　　C. 饥饿痛、夜间痛

D. 呕吐咖啡色液体　　E. 反复黑便

5. 慢性胃炎最可靠的确诊方法为（　　）

A. 详细病史及查体　　B. 胃液分析　　C. 血清学检测

D. X 线钡餐检查　　E. 胃镜检查

二、简答题

1. 消化系统老化的特点。

2. 如何为老年胃食管反流病患者提供饮食护理？

3. 慢性胃炎的病因。

4. 慢性胃炎的治疗要点。

5. 如何对老年慢性胃炎患者进行健康教育？

三、案例分析题

（一）患者，男性，65 岁。因反酸、反食、反胃、嗳气，心前区烧灼感半个月，加重伴咳嗽、气喘 3 天入院。既往有抽烟史 10 年，每天 1 包，有长期饮酒史 5 年，每天白酒约 250g，平时喜欢高脂肪食物，HP（+）。

问题：

1. 该患者目前诊断是什么？存在哪些主要护理问题？

2. 如何预防该病的反复发作？

（二）患者，男性，70 岁。因餐后反酸、胃灼热、胸部疼痛来医院就诊，面色蜡黄，形体消瘦、诉有溃疡病史多年，对疾病的预后很担心。X 钡餐检查可见钡剂反流入食管下段，食管段运动异常。

问题：

1. 该患者主要的护理问题有哪些？

2. 如何做好患者的饮食护理？

【选择题参考答案】

1. C　　2. C　　3. D　　4. A　　5. E

（晏　燕）

笔记栏

项目五

内分泌系统疾病的护理

学习目标

1. 了解内分泌系统疾病的病因、护理评估、护理问题。
2. 掌握内分泌系统疾病的护理措施。
3. 了解内分泌系统疾病的治疗要点。
4. 能够根据病情选择合理的护理措施并正确实施。
5. 能够进行内分泌系统疾病的健康教育。

内分泌系统是由内分泌腺（垂体、甲状腺、甲状旁腺、肾上腺、性腺和胰岛）和分布在心血管、胃肠、肾、脂肪组织、脑（尤其是下丘脑）具有内分泌功能的组织和细胞组成。内分泌系统是人体重要的调节系统，随着年龄的增加，系统的组织结构发生增龄性改变。由于内分泌腺分泌细胞功能进行性减退，导致激素和激素前体功能结构异常或合成异常，靶腺及效应器上相应的激素受体发生质和量的改变，导致对激素的亲和能力降低等异常反应。以上各环节均可能导致老年人内分泌功能的变化，形成一种新的内分泌状态，其最突出的表现是生殖功能的终止和对外界适应能力的下降。

知识链接

内分泌系统老化

1. 下丘脑　老年人下丘脑的老化改变表现为细胞形态改变，结缔组织增多，重量减轻，血供减少，出现单胺类含量的改变和代谢紊乱，引起中枢调控异常，使老年人各系统功能发生衰退，故下丘脑有“老化钟”之称。此外，下丘脑产生的抗利尿激素减少，使水、钠丢失增加，因此，老年人在使用利尿药或腹泻、呕吐、高热等情况时，比年轻人更易发生电解质紊乱和脱水。

2. 垂体　老年人垂体重量随着年龄增加减轻，但垂体分泌的激素大部分不会发生明显的变化。女性绝经期后促卵泡激素分泌增加，男性则不变。老年人腺垂体分泌的生

笔记栏

长激素减少，对物质代谢有影响，对机体生理学影响亦减退，可发生肌肉萎缩，脂肪增多，蛋白质合成减少和骨质疏松等。

3. 甲状腺　老年人甲状腺纤维化，腺体萎缩，甲状腺滤泡缩小，滤泡间结缔组织增多，并有淋巴细胞浸润和结节形成，使甲状腺体积缩小，重量减轻。甲状腺合成甲状腺素减少，以 T3 最为明显，由于血中甲状腺素减少，蛋白质合成减少，老年人基础代谢率下降，脂质代谢也受影响，血中胆固醇水平增高。因此，老年人对寒冷天气的适应力变差，出现怕冷、皮肤干燥、脱发较多、心率减慢、忧郁等现象。

4. 胰岛　老年人胰岛结构的改变表现为胰岛 β 细胞数量减少，α 细胞相对增多，胰腺中的 β 细胞会延迟胰岛素的释放，胰岛素的分泌减少，使老年人糖代谢的能力降低。细胞膜上胰岛素受体减少，机体对胰岛素的敏感性下降，导致葡萄糖耐量下降，故老年人糖尿病（尤其是 2 型糖尿病）的发病率增高。

5. 性腺　老年人性腺的改变较为明显。老年男性中近半数血浆睾酮低于正常青年人的低限，而女性绝经前后的雌激素与孕激素均显著减少，更年期后卵巢功能衰退，雌激素水平下降，失去排卵、月经及生殖功能，还可引起骨质疏松及脂肪代谢异常等疾病。

任务一　老年糖尿病患者的护理

案例 5-1

患者，男性，60 岁，农民。多食、多饮、消瘦半年，双下肢麻木半个月。患者半年前无明显诱因逐渐食量增加，由原来每天 400g 逐渐增至 500g 以上，最多达 750g，而体重逐渐下降，半年内下降达 5kg 以上，同时出现烦渴多饮，伴尿量增多，曾看过中医，服中药治疗 1 个多月无好转，未验过血。近半个月来出现双下肢麻木，有时呈针刺样疼痛。病后二便正常，睡眠好。既往体健，无药物过敏史。个人史和家族史无特殊。体格检查：T 36.0℃，P 80 次/分，R 18 次/分，BP 130/80mmHg。神志清楚，发育正常，消瘦，无皮疹，浅表淋巴结无肿大，巩膜无黄染，双眼晶状体透明无混浊，双肺呼吸音清，心率 80 次/分，律齐，腹软，无压痛，肝脾未及，两下肢无水肿，感觉减退，膝腱反射消失，巴宾斯基征（–）。实验室检查：Hb 125g/L，WBC 6.5×10^9/L，N 65%，L35%，PLT 235×10^9/L；空腹血糖 11mmol/L。尿常规：尿蛋白（–），尿糖（+++），镜检（–）。

问题： 1. 患者当前主要的护理问题。

2. 针对护理问题提出相应的护理措施。

笔记栏

一、概述

糖尿病（diabetes mellitus，DM）是由于胰岛素绝对或相对缺乏及靶细胞对胰岛素敏感性降低，致使体内糖、蛋白质和脂肪代谢异常，以长期高血糖为特征的内分泌代谢疾病。老年糖尿病是指年龄在60岁（发达国家65岁）以上发病的糖尿病患者，按其发病时间可分为两部分，一是进入老年期以后发病诊断的，另一部分是60岁以前确诊，而后进入老年期的患者。老年糖尿病95%以上是2型糖尿病，且老年糖耐量减低者发生2型糖尿病的危险比正常糖耐量者增加5～8倍。随着年龄增加，DM患病率和糖耐量减低比率明显上升。老年 DM 的高发病率严重影响老年人的生活质量和寿命，并发症涉及全身各组织器官，是致残致死的主要原因。

（一）病因

糖尿病的病因和发病机制极为复杂，至今尚未完全阐明。不同类型的糖尿病病因不同，即使在同一类型中也存在差异性。概括而言，引起糖尿病的病因可归纳为遗传因素及环境因素两大类。发病机制可归纳为不同病因导致胰岛β细胞分泌胰岛素缺陷和(或)外周组织胰岛素利用不足，而引起糖、脂肪及蛋白质等物质代谢紊乱。

糖尿病的危险因素：①不可控因素：年龄、遗传、高危种族。②高血压、高糖、高脂、高热量饮食，体力活动减少，超重或肥胖（体重指数BMI≥24kg/m^2）是糖尿病的危险因素。③老年期的生理退化、多种药物的联合应用是老年糖尿病的促发因素。④不良生活方式，如吸烟、酗酒等可促进老年糖尿病的发生。

（二）分类

糖尿病分为4型：1型糖尿病、2型糖尿病、其他特殊类型糖尿病和妊娠糖尿病。

1. 1型糖尿病 此型由于胰岛β细胞大量破坏，导致胰岛素绝对缺乏，患者血糖持续升高。发生糖尿病多为自身免疫机制引起的细胞破坏。主要特点是发病以青少年为主，患者较瘦，特征性的症状较重，需要用胰岛素治疗。

2. 2型糖尿病 此型属于胰岛素抵抗和胰岛素分泌缺陷，患者体内可产生一定量的胰岛素，但数量不够或产生的胰岛素不能有效发挥作用，因而血液内葡萄糖聚集，水平升高。主要特点是发病以中老年为主，遗传性较强，患者偏胖，特征性的症状较轻，有的甚至无症状，大多数患者饮食调整或加用口服降糖药即能控制。少数患者亦需要用胰岛素治疗。

3. 其他类型的糖尿病 特殊类型糖尿病指病因相对比较明确，如胰腺炎、库欣综合征等引起的一些高血糖状态。①胰腺疾病：如胰腺炎、胰腺肿瘤等继发糖尿病。②内

笔记栏

分泌疾病：如甲状腺功能亢进、肢端肥大症、肾上腺皮质功能亢进等可继发糖尿病。③某些药品所致糖尿病：如利尿药、泼尼松（强的松）、氯丙嗪（冬眠灵）、苯妥英钠、吲哚美辛（消炎痛）、异烟肼（雷米封）等可能会引起血糖升高。

4. 妊娠期糖尿病　妊娠期糖尿病是指在妊娠期间首次发生或发现的糖耐量减低或糖尿病，不包括在糖尿病诊断之后妊娠者。部分孕妇妊娠时出现糖耐量异常，分娩后糖耐量恢复正常；如不恢复，则发展为糖尿病。

二、护理评估

（一）健康史

询问老年人有无糖尿病家族史，有无病毒感染、肥胖、多次妊娠等诱发因素；生活方式与活动情况，睡眠、饮食、大小便有无影响；有无心理应激等环境因素变化；患病起始时间，患者检查治疗经过；有无感染、心绞痛、肢体麻木、视力减退等症状。

（二）身体状况

老年糖尿病的临床特点：

1. 起病隐匿，症状不典型　老年糖尿病患者常无典型“三多一少”症状（多饮、多食、多尿、消瘦），不少人仅在常规体检或治疗其他疾病时发现血糖升高而诊断糖尿病。大多老年人以糖尿病并发症为首发症状，如视力下降、高血压、高血脂、冠心病、脑卒中、皮肤或外阴瘙痒、肢体麻木或其他感觉障碍等，少数老年人会因高渗性非酮症糖尿病昏迷而就诊。

2. 并发症多　高渗性非酮症糖尿病昏迷主要见于老年人，是糖尿病严重的急性并发症。还常并发呼吸、泌尿、血液、生殖等系统的感染及各种血管病变，如冠心病、高血压、脑卒中，视网膜、肾脏、下肢血管病变等。

（1）急性并发症：①高渗性非酮症糖尿病昏迷：好发年龄为50～70岁，特点是血糖显著升高，失水严重，血液浓缩，精神神经症状突出。病死率高达 40%。②酮症酸中毒：在老年患者中比较少见，但在某些诱因作用下也可发生，预后较差。③乳酸性酸中毒：主要见于老年患者，服用某些药物或因慢性血管疾病导致组织缺氧，乳酸生成增加。④低血糖：老年糖尿病早期，比较容易发生餐后低血糖，主要是由胰岛素分泌延迟或过量所致。⑤感染：老年患者因免疫功能减退，比年轻人更容易发生感染，并易于扩散蔓延。

（2）慢性并发症：①大血管病变：糖尿病患者动脉粥样硬化的患病率较高，可侵犯

笔记栏

主动脉、冠状动脉、脑动脉、肾动脉和肢体外周动脉等，可引起冠心病、脑血管疾病、间歇性跛行和坏疽等。②微血管病变：糖尿病时微血管病变可累及视网膜、肾、神经和心肌组织，其中糖尿病肾病和视网膜病变多见于糖尿病病程超过10年者。③神经病变：以周围神经最为常见，下肢较上肢严重，典型的表现为双侧对称性肢端感觉异常，可出现麻木、针刺、灼热、痛觉过敏，如袜子或手套样分布，后期可逐渐发展为肌张力减弱、肌肉萎缩甚至瘫痪。自主神经病变也较常见，影响胃肠、心血管及泌尿生殖器官。④糖尿病足：主要表现为足部皮肤深度溃疡甚至坏疽，可能是下肢周围神经病变、供血不足以及感染等因素的综合作用。是糖尿病患者截肢、致残的主要原因之一。

3. 多种老年病并存　易合并各种慢性非感染性疾病，如高血压、心脑血管疾病、缺血性肾病等，各种疾病相互干扰，治疗难度大。

4. 易发生低血糖　老年人血糖控制不良或用药不当，易引起低血糖。发生低血糖时常无心慌、出汗等症状，不易被发现而致昏迷。

（三）心理社会状况

糖尿病为终身性疾病，病程长、需长期严格控制饮食、并发症累及多器官、多组织，患者易产生焦虑、抑郁等心理反应，对治疗缺乏信心、不能有效地应对，治疗依从性较差。评估患者及家属对疾病的认识程度；有无因经济负担而带来的心理压力。

（四）辅助检查

1. 血糖测定　空腹血糖正常范围为3.9～6.0mmol/L，空腹血糖≥7.0mmol/L，和（或）餐后2小时血糖≥11.1mmol/L可确诊为糖尿病。

2. 口服葡萄糖耐量试验（OGTT）　适用于血糖高于正常范围而未达到诊断标准者。OGTT2小时血浆葡萄糖≥11.1mmol/L应考虑糖尿病。

3. 糖化血红蛋白 A_1（$GHbA_1$）测定　糖化血红蛋白 A_1 测定可反映近2～3个月血糖的水平，正常值为1.7～2.8 mmol/L，作为糖尿病控制情况的监测指标之一。血糖控制不理想的患者外周血中 $GHbA_1$ 含量较正常人高2～4倍。

4. 尿糖测定　简便易行，适用于患者在家中初步检测。

知识链接

糖尿病诊断标准

1. 空腹血糖（FPG）≥7.0 mmol / L；

2. 餐后2小时血糖（2hPG）≥11.1 mmol / L；

3. 糖尿病症状+随机血糖≥11.1mmol / L；

笔记栏

以上三条符合任何一条即可诊断糖尿病。如果结果可疑，应该进行 OGTT（成人口服葡萄糖 75g），2 小时血糖含量≥11.1mmol/L 可确诊为糖尿病。

（五）治疗要点

糖尿病治疗强调早期、长期、综合治疗及治疗方法个体化的原则。综合治疗：糖尿病教育、饮食治疗、运动治疗、药物治疗和自我监测 5 个方面，以及降糖、降压、调脂和改变不良生活习惯 4 项措施。治疗目标是通过纠正患者不良的生活方式和代谢紊乱，防止急性并发症的发生和减低慢性并发症的风险，提高患者生活质量和保持良好的心理状态。

近年来，老年综合征综合治疗受到重视。老年综合征是指老年 2 型糖尿病患者易出现功能缺陷、认知障碍、抑郁、跌倒、尿失禁、营养不良等一组临床症候群。严重影响老年人生活质量，并成为控制糖尿病的障碍。因此对于老年糖尿病患者应注重多方面功能的恢复，注意各种危险因素之间的累加效应。因此，鼓励老年糖尿病患者进行功能训练、心理辅导。制订个体化的降糖目标和方案，合理选择降糖药物，在严密监测血糖的基础上，安全、平稳降糖。

1. 健康教育 健康教育是重要的基本治疗措施之一，包括糖尿病防治专业人员的培训，医务人员的继续医学教育，患者及其家属和民众的卫生保健教育等，后者尤为重要。良好的健康教育能充分调动患者的主观能动性，使其积极配合治疗，有利于疾病控制达标，防止各种并发症的发生和发展，提高患者的生活质量。

2. 饮食治疗 饮食治疗是治疗所有糖尿病患者的基础，不论糖尿病类型，病情轻重，有无并发症，是否口服降糖药物或注射胰岛素等，都要严格和长期执行，以利血糖的控制和理想的治疗达标。

饮食治疗主要是指饮食总量及结构的控制。饮食总量及结构指的是饮食摄入的总热量及其来源的分配比例。安排饮食量的原则是充分考虑减轻胰岛负担，又要保证机体正常生活和工作的需要，尽可能使体重恢复到标准体重±5%的范围内。肥胖者饮食总热量要少些，消瘦者总热量可适当放宽些。饮食治疗的目标是维持理想体重，纠正已发生的代谢紊乱，使血糖、血脂达到或接近正常水平。

3. 运动治疗 适当的运动有利于减轻体重，提高胰岛素敏感性，改善血糖和脂代谢紊乱，还可减轻患者的压力和紧张情绪。运动治疗的原则是适量、经常性和个体化。应根据患者年龄、性别、体力、病情及有无并发症等安排适宜的活动，循序渐进，并长期坚持。适应证：大多数轻型糖尿病，尤其是血糖在 16.7 mmol/L 以下的肥胖者为首选适应证；1 型糖尿病患者，病情控制稳定者也可与其他治疗同时应用。

笔记栏

4. 药物治疗

（1）口服药物疗：包括促胰岛素分泌剂（磺脲类、非磺脲类药物和DPP-4抑制剂）、增加胰岛素敏感性药物（双胍类和胰岛素增敏剂）和α葡糖苷酶抑制药。

①促胰岛素分泌剂

磺脲类：主要机制是刺激胰岛β细胞分泌胰岛素，适用于新诊断的2型糖尿病非肥胖用饮食和运动治疗血糖控制不理想的患者。年龄＞40岁、病程＜5年、空腹血糖＜10mmol/L时效果较好。不宜同时与其他类型胰岛素促泌剂合用。年老者宜尽量用短、中效药物，以减少低血糖的发生。常用药物有格列本脲（优降糖）、格列吡嗪（美吡达、灭糖脲，灭特尼）、格列齐特（达美康）、格列喹酮（糖适平）、格列吡嗪控释片（瑞易宁）等。

非磺脲类：作用机制是直接刺激胰岛β细胞分泌胰岛素，可改善早期胰岛素分泌，降糖作用快而短，主要用于控制餐后高血糖。较适用于2型糖尿病早期餐后高血糖阶段或以餐后高血糖为主的老年患者。常用药物如瑞格列奈（诺和龙）、那格列奈。

DPP-4抑制剂：通过延长体内自身胰高血糖素样肽-1（GLP-1）的作用改善糖代谢。主要降低餐后血糖，低血糖风险很小，耐受性和安全性比较好，不增加体重，对与老年患者有较多获益。代表药物有阿格列汀、利格列汀等。

②增加胰岛素敏感性药物

双胍类：此类药物可促进肌肉等外周组织摄取葡萄糖，加速无氧糖酵解和抑制葡萄糖异生，并改善胰岛素敏感性，减轻胰岛素抵抗。适用于症状轻、体型肥胖的2型糖尿病患者，与促胰岛素分泌剂合用可增加降血糖作用。肝肾功能减退、高热、慢性胃肠疾病、合并严重感染等不宜使用该药，1型糖尿病也不宜单独使用本药。80岁以上老年患者应禁用，以防止发生乳酸酸中毒。常用药物有二甲双胍和格华止。

噻唑烷二酮类：主要作用机制是增强靶细胞对胰岛素的敏感性，可明显减轻胰岛素抵抗，刺激外周组织的葡萄糖代谢，降低血糖。适用于肥胖、胰岛素抵抗明显的2型糖尿病患者。代表药物为罗格列酮、吡格列酮。

α-葡糖苷酶抑制药：主要作用机制是通过抑制小肠黏膜上皮细胞表面延缓碳水化合物的吸收，降低餐后血糖。适用于空腹血糖正常（或偏高）而餐后血糖明显升高者。常用药物阿卡波糖（拜糖平）、伏格列波糖（倍欣）。

（2）胰岛素治疗：适用于1型糖尿病患者和2型糖尿病患者经口服降糖药治疗未获得良好控制者以及各种急性并发症及应激状态的糖尿病患者，是糖尿病重要的治疗方法。开始治疗时一般使用速效胰岛素，从小剂量开始，并需要按患者反应情况作适当调整。2型糖尿病患者选用预混胰岛素，早晚餐前皮下注射，根据患者血糖测定结果进行

笔记栏

调整，直至达到满意控制。

（3）其他：干细胞治疗和胃肠道手术治疗是近年来在糖尿病治疗领域发展迅速的降血糖治疗方法，目前尚没有老年糖尿病患者的适应证。

三、主要护理问题/医护合作性问题

1. **营养失调**　低于机体需要量，与机体代谢异常、消耗过多有关。

2. **焦虑**　与担心疾病预后和经济负担有关。

3. **知识缺乏**　缺乏药物和保健知识。

4. **潜在并发症**　低血糖、糖尿病足、高渗性昏迷等。

5. **有感染的危险**　与血糖增高、脂代谢紊乱、营养不良、微循环障碍等因素有关。

四、护理措施

1. **饮食护理**　饮食治疗是糖尿病的基本措施，贯穿于糖尿病患者治疗护理的全过程。护理人员应对患者及家属进行正确的饮食指导，不管是否使用口服降糖药和胰岛素，都应按身体需求控制总热量，达到控制血糖、消除症状、减少并发症的目的。患者按照性别、年龄、身高或标准体重、活动强度等计算每日所需总热量；根据生活习惯、病情和配合药物治疗的需要分配日三餐，每餐均匀定量的碳水化合物、脂肪和蛋白质定时供应，保证营养需要；合理选择食物预防低血糖反应。

饮食治疗的关键在于控制饮食总热量。提倡食用粗谷类和适量杂粮、绿叶蔬菜、豆类及含糖成分低的蔬菜水果等；限制饮酒。严格控制甜食，包括各种糖及糖果、甜点心、冷饮、含糖饮料等，为满足患者对甜味的心理需求，可使用木糖醇等甜味剂；忌食油炸、油煎食物。每日摄取的蛋白质中，动物蛋白应占总量的1/3，以保证必需氨基酸的供给。炒菜宜用植物油，每日摄取食盐应限制在6 g以下，少食动物内脏、蟹黄、鱼子等含胆固醇高的食物，以免促进和加重心、肾血管并发症的产生。增加纤维的含量，纤维素可促进肠蠕动，防止便秘，同时可延缓食物的消化吸收，降低餐后血糖高峰，每日饮食中纤维素的含量不宜低于40 g。在治疗护理过程中应观察患者并按实际效果作必要调整，有计划地更换食物，以免患者因饮食单一而食欲下降。

知识链接

无糖食品的“陷阱”

“无糖”是企业在商业宣传中约定俗成的说法。这类食品虽没有加入蔗糖，但它本身是用粮食制作，主要成分是淀粉，经过消化分解后会生成大量的葡萄糖，与我们日常

笔记栏

生活食用馒头、米饭等主食所吸收的糖分、热量没有区别。另外，如“无糖奶粉”，牛奶中本身就含有乳糖，乳糖经消化后同样可以分解成葡萄糖和半乳糖。所以无糖食品不可以无限制食用。一定要将所含能量计算到总热量中，同时要减去相应的主食量。同时糖尿病患者不能因为吃无糖食品而停止或者减少药物的使用。

糖尿病患者的进食方法：宜少食多餐，一日不少于 3 餐，一日 3 餐的食物分配为 1/5、2/5、2/5 或 1/3、1/3、1/3；最好一日 6 餐，即除 3 餐外，上午、下午安排间食及睡前进食（保证总量不变）；进餐时间要有规律；少吃或不吃零食；严格执行，长期坚持。

2. 合理运动 适当的运动可提高老年患者胰岛素的敏感性，降低血糖、血脂，控制体重；根据年龄、体力病情、个人爱好选择适当的运动方式，如步行、慢跑、太极拳、健身操、游泳等；运动应量力而行，持之以恒，一般从短时间、小运动量开始，循序渐进。剧烈运动或不运动对老年糖尿病患者不利。通常选择餐后 1～1.5 小时进行运动，运动前或运动中可适量加餐(如 3～4 块苏打饼干或 1 个水果)。运动后监测血糖是否稳定。可随身携带糖果，以防低血糖发生。如呼吸费力、头晕、眼花、大汗、面色苍白、胸前有压迫感等现象应立即停止运动。老年患者随身携带糖尿病信息卡，便于意外时急救。运动时要注意双足的保护，鞋袜要宽松柔软、合脚，每次运动前要仔细检查双足皮肤有无破损、溃疡，鞋内有无异物，防止足部受伤。老年患者运动时，需注意保证自身安全。

3. 用药护理 指导患者遵医嘱用药，医生根据病情合理选用药物，患者不能随意更改药物的种类和剂量，必须按时按量服药。

（1）口服降糖药：避免首选作用强且作用持续时间长的降糖药，如格列本脲、格列苯脲等，以防止低血糖反应。注意观察疗效和不良反应。磺脲类药物的主要不良反应是低血糖反应，其次还有消化道反应、肝功能损害、皮肤瘙痒、血细胞减少等。双胍类适用肥胖的老年 2 型糖尿病患者，其主要不良反应是胃肠道反应，如口干、口苦、畏食、恶心呕吐、腹泻等，服药应从小剂量开始饭后服用，减轻不良反应。个别患者有过敏反应，应注意观察。α-葡糖苷酶抑制药（阿卡波糖）一般同第 1 口饭后服用，单独用不会引起低血糖反应，但与磺脲类药物或胰岛素合用发生低血糖时，进食淀粉类食物无效，需服用糖水，重者应立即静注 5 0%葡萄糖注射液 60～100 ml。

（2）胰岛素治疗：胰岛素治疗是控制高血糖的重要手段。2 型糖尿病患者在生活方式和口服降糖药联合治疗的基础上，血糖控制不理想时，应用胰岛素。胰岛素的不良反应：①低血糖反应；②变态反应，表现为注射部位瘙痒，局部出现硬结、红肿、热、痛；③胰岛素型脂肪营养不良：注射部位出现脂肪萎缩或增生，局部硬结，停药后自然恢复。

笔记栏

注射胰岛素应从小剂量开始，胰岛素笔不需抽取药液，方便携带，适用于老年人。注射胰岛素时应注意：①认真检查胰岛素制剂是否浑浊及失效，核对注射剂型、剂量和时间是否正确；②胰岛素不能冰冻保存或避免温度过低过高（＜2℃或＞30℃）。③胰岛素采用皮下注射法，于餐前 15～30 分钟使用，注意选用胰岛素专用注射器，与胰岛素的浓度含量匹配，以减少抽吸剂量误差。

老年人血糖控制比成年人较宽松，空腹血糖不超过 8.0mmol/L，餐后 2 小时血糖不超过 12.2mmol/L 即可。

4. 病情观察　观察患者神志及生命体征，监测血糖，测量早、中、晚三餐前和三餐后 2 小时及睡前的血糖，并正确记录。定期监测血压、血脂、糖化血红蛋白、眼底等，及时了解病情变化。

5. 并发症处理

（1）低血糖反应：血糖＜2.8mmol/L 时，出现疲乏、饥饿感、冷汗、恶心、呕吐、脉速、面色苍白，重者可昏迷、死亡。老年糖尿病患者应特别注意观察夜间低血糖症状的发生。注射胰岛素半小时内必须进餐，是预防低血糖发生的重要措施。一旦发生低血糖，立即口服糖水或静脉注射 5 0%葡萄糖 20～60 ml。

（2）高渗性昏迷：遵医嘱用药，保证充足水分摄入，以预防高渗性昏迷的发生。当出现高渗性昏迷时以生理盐水迅速建立两条静脉通路，一条通路用于快速补液，另一通路滴注胰岛素。患者绝对卧床休息，给予低流量持续吸氧，加强皮肤、口腔护理，保持呼吸道通畅，防止血栓性静脉炎及患者坠床受伤。

（3）糖尿病足：经常按摩足部，注意足部保暖，适度运动，以促进血液循环。选择轻巧柔软、宽大的鞋子。使用热水袋、电热毯或烤灯时谨防烫伤，趾甲勿修剪过短以免伤及甲沟，视力障碍患者应由家人或护理人员协助修剪趾甲。每日用温水清洁足部，水温以不超过 40℃为宜。由家人协助测试水温，勿用脚直接测试，防止烫伤。保持趾间清洁、干燥。若发现局部疼痛，皮肤有颜色或温度变化，要及时就诊处理。

6. 预防感染　注意个人卫生、保持全身或局部皮肤清洁，勤换被服；护理操作时应严格执行无菌技术；预防糖尿病足的皮肤感染，发现有感染征象时及时报告医生给予处理。

7. 心理护理　糖尿病早期症状不典型，患者常因对其后果缺乏认识，饮食控制不严格；随着病程延长，治疗效果不满意，患者逐渐对治疗失去信心，产生焦虑、抑郁情绪；护理人员应针对患者的具体情况，帮助患者增加对疾病的认识，改变不良生活习惯，消除负性情绪，增强战胜疾病的信心。

笔记栏

五、健康教育

1. 预防指导 由于糖尿病在老年人中常出现非典型症状，应加强老年人糖尿病知识的宣传。注意饮食清淡，少食甜食，根据身体情况适量运动，每年定期体检。

2. 知识宣教 采取讲座、录像、讲解等多种方法，帮助糖尿病患者及家属认识到糖尿病是一种需终身治疗的疾病，自觉配合治疗护理，提高患者依从性，同时家属了解有关糖尿病的知识，主动关心和帮助患者，对患者给予精神支持和生活照顾。

向患者及家属讲解口服降糖药及胰岛素的名称、剂量、应用方法、给药时间，教会观察药物不良反应，坚持规律用药；注射胰岛素者，应教会患者及家属胰岛素的正确注射方法、与进食的匹配时间和低血糖反应的处理。

了解饮食在控制病情、防治并发症中的重要作用，掌握饮食治疗的具体要求和措施，学会自己计算，长期坚持。掌握体育锻炼的具体方法及注意事项。生活规律，戒烟酒，注意个人卫生，做好足部护理；了解情绪、精神压力对疾病的影响，指导患者正确处理疾病所致的生活压力。可通过经皮神经点刺激疗法、电刺激疗法、磁疗、红外线治疗等方法加强和恢复末梢感觉。

3. 病情监测 定期复查，带好糖尿病治疗卡及糖尿病记录表，以供医生参考。监测空腹血糖及餐后血糖的变化，每2～3个月复查糖化血红蛋白，以了解病情控制情况，及时调整用药剂量。明确定时监测血糖的重要性，并学会自测血糖。了解低血糖发生的时间和症状，了解低血糖危害，教会患者低血糖急救措施。每年定期全身检查，着重了解血脂水平，心、肾、神经功能和眼底情况，以便尽早发现并发症，给予相应的治疗。教导患者外出时随身携带识别卡，以便发生紧急情况时能够及时救治。

任务二 甲状腺功能亢进症患者的护理

案例 5-2

患者，女性，62岁。怕热、多汗、乏力、手颤半年，突眼1个月。半年前无明显诱因出现怕热、多汗、乏力、心悸、多食善饥、烦躁易怒、失眠、手颤、腹泻，近半年体重下降约10kg，扪及颈部肿大，未予诊治，近1个月出现双眼突出。既往史：否认高血压，冠心病、糖尿病病史。否认药物过敏史。体格检查：T36.8℃，P110次/分，R20次/分，BP135/85mmHg。神志清楚，营养一般，双眼轻度突出，突眼度左眼19mm，右眼20mm，颈软，甲状腺Ⅱ度肿大，质软，无压痛，无结节，可随吞咽上下活动。口唇红润，双肺呼吸音清，心率110次/分，律齐，腹软、肝脾未及，两下肢无水肿，双

笔记栏

手震颤（+）。实验室检查：FT3 22.23μmol/L、FT4 54.05μmol/L、TSH＜0.005mIU/L。甲状腺超声：双侧甲状腺弥漫性肿大，回声欠均匀。

问题：1. 患者当前主要的护理问题。

2. 针对护理问题提出相应的护理措施。

一、概述

甲状腺功能亢进症（hyperthyroidism）简称甲亢，是由于甲状腺合成和分泌甲状腺激素增多，引起以神经、循环、消化等系统兴奋性增高和代谢亢进为主要表现所致的一组常见的内分泌疾病，任何年龄均可发病。老年人甲状腺功能亢进症是指＞60 岁老年甲亢患者。老年人群甲亢的患病率为 0.4%～2.3%，占所有甲亢患者的 10 % ～15 %，女性高于男性。近年来又有增多趋势，其原因之一是由于对甲亢诊断技术有所提高，另一原因与人的寿命延长有关。老年甲亢在病因分布和临床表现等许多方面与其他年龄组存在较明显不同。

目前本病的病因虽尚未完全阐明，但公认其发生与自身免疫有关。

1. **遗传因素**　甲亢最多见的 Graves 病有显著的遗传倾向，目前发现它与组织相容性复合体（MHC）基因相关。

2. **免疫因素**　感染、精神创伤、过度劳累、含碘食物过多等因素，诱发体内免疫功能紊乱。主要表现为抑制性 T 淋巴细胞功能缺陷，辅助性 T 淋巴细胞功能相对增强，而后者具有辅助 B 淋巴细胞合成甲状腺自身抗体的作用。

3. **环境因素**　环境因素对本病的发生发展有重要影响，如细菌感染、应激等，可能是疾病发生和病情恶化的重要诱因。

二、护理评估

（一）健康史

详细询问患者患病的起始时间、主要症状及其特点，如有无疲乏无力、怕热、多汗、低热、多食、消瘦，有无心悸、胸闷、气短等。了解有无感染、口服过量 TH 制剂、严重精神创伤等诱发因素。询问患病后检查和治疗经过，目前用药情况和病情控制情况等。

（二）身体状况

1. **症状**　老年性甲亢起病缓慢、隐匿，高代谢、眼病及甲状腺肿大均可不明显，半数以上无典型甲亢表现。常以心脏、神经、肌肉等某一系统表现掩盖其主要病情。在神经、心血管、消化等系统的表现不是以兴奋性为主而是抑制性表现（如心动过缓、厌

笔记栏

食、恶病质、迟钝、抑郁、嗜睡等），突出者称为淡漠型甲亢。

（1）心血管系统：表现不典型，可出现心动过缓或缓慢性心律失常，约 40%的患者心率在 110 次/分以下，11%的心率在 8 0 次/分以下。临床上不易与冠心病或其他老年性心脏病鉴别，或由于不典型甲亢而加重原有心血管疾患特别是缺血性心脏病。由于甲亢时基础代谢率及交感神经兴奋性增高，心肌耗氧量增加，易致冠状动脉痉挛，隐性缺血发生率增加。

（2）精神神经系统：老年患者更易出现抑郁、反应迟钝、嗜睡等表现。

（3）肌肉骨骼系统：老年甲亢常以慢性肌病为主要及首要表现，近端肌群受累，抬腿、举臂、蹲起等困难。重症甲亢可出现延髓麻痹、吞咽及呼吸困难、窒息。甲状腺激素的毒性作用可加重老年人的骨钙吸收，易发生骨质疏松及病理性骨折。

（4）消化系统：老年甲亢多食少见，而厌食发生率较高。体重下降较突出，易发生恶病质，腹泻少见，多见便秘。可伴随腹痛、恶心、呕吐等。肝功能异常，有时呈显性黄疸。

（5）浸润性皮肤病：胫骨前黏液性水肿，严重者呈象皮腿样，见于少数 Graves 病。

2. 体征

（1）甲状腺肿大：1/5～1/3 的老年患者甲状腺肿大。

（2）眼征：老年甲亢伴眼征者较少。老年男性患 Graves 病时更易发生浸润性眼病。浸润性突眼与自身免疫有关，可单独存在或与甲亢并存伴有眼肌麻痹、复视，重则失明。

3. 甲亢危象 甲亢未控制或未经治疗，在各种诱因下导致病情急剧加重，危及生命。其诱因多为应激、手术准备不充分等。表现为体温高于 39.0℃，心率≥140 次分；恶心、呕吐、大汗、休克；嗜睡、谵妄、昏迷；易合并心力衰竭。

（三）心理社会状况

了解老年患者患病后对日常生活的影响，是否有睡眠、活动量及活动耐力的改变。甲亢患者因神经过敏、急躁易怒，导致人际关系紧张，患者常有焦虑、恐惧、多疑等心理变化。

（四）辅助检查

1. 甲状腺功能检查 甲状腺摄 ^{131}I 率增高，高峰前移；血清总 T_3、T_4 及游离 T_3、T_4 增高，促甲状腺素降低；甲状腺摄入不受外源性 T_3 抑制；静注促甲状腺素释放素后血清促甲状腺素不增高；甲状腺刺激性抗体多为阳性。

笔记栏

2. 其他检查

（1）血常规：白细胞总数减少，淋巴细胞绝对值和百分比增高。

（2）血糖：空腹血糖多正常。餐后血糖峰值增高，甚至呈类糖尿病型。甲亢导致的糖代谢改变，在甲亢控制后恢复正常。如原有糖尿病者患甲亢后，可使糖尿病加重。

（五）治疗要点

基本方法为抗甲状腺药物治疗、放射性 ^{131}I 治疗及手术治疗。

1. 抗甲状腺药物治疗　抗甲状腺药物种类较多，包括硫脲类、碘化物、锂盐等，其中硫脲类药物最为常用。如丙硫氧嘧啶或甲巯咪唑（他巴唑）、卡比马唑（甲亢平）等。硫脲类药物最常见的副作用是药疹，最严重的副作用是粒细胞缺乏症。

2. 放射性 ^{131}I 治疗　放射性 ^{131}I 能放出 β 射线，破坏甲状腺组织，从而减少甲状腺激素的分泌，达到治疗甲亢的目的，其有效率可达 90%以上，适用于不能长期服用治疗甲亢的药物者，或药物疗效不佳者，或有甲状腺次全切除手术禁忌证或术后复发者，禁忌证为伴有严重肝、肾疾病及近期有心肌梗死者。并发症主要是甲状腺功能减退。

3. 手术治疗　适用于长期口服药无效的中、重度甲亢患者。结节性甲状腺肿伴甲亢或甲状腺巨大有压迫症状者。治愈率为 95%左右，复发率为 0.6%～9.8%，但可引起多种并发症。主要为甲状旁腺功能减退和喉返神经损伤，发生率为 2%～10%。

老年患者服药的依从性较差，手术风险相对较大，因此一般建议放射性 ^{131}I 治疗。症状较轻、甲状腺肿大不明显且依从性好者，可先服用抗甲状腺药物，如甲巯咪唑（他巴唑）、丙硫氧嘧啶等。治疗期间定期检查血常规，以及时发现药物引起白细胞减少。如甲状腺肿大明显或呈结节状及怀疑有恶性肿瘤者，应考虑手术治疗。

三、主要护理问题/医护合作性问题

1. 营养失调　低于机体需要量，与代谢率增高导致代谢需求大于摄入有关。

2. 活动无耐力　与蛋白质分解增加、甲状腺毒症性心脏病、肌无力等有关。

3. 焦虑　与神经系统功能改变、甲亢所致全身不适等有关。

4. 有组织完整性受损的危险　与浸润性突眼有关。

5. 潜在并发症　甲状腺危象。

四、护理措施

1. 一般护理

（1）环境：环境保持安静，通风良好，保持室温凉爽而恒定，20℃左右，房间色调

笔记栏

和谐，避免强光刺激，避免患者精神刺激或过度兴奋。

（2）饮食：补充高热能、高蛋白、高维生素及矿物质丰富的饮食以纠正消耗，满足高代谢需要。主食应足量，可以增加奶类、蛋类、瘦肉类等优质蛋白以纠正体内的负氮平衡，多摄取新鲜蔬菜和水果。禁食刺激性食物及饮料，如辣椒、酒、咖啡、浓茶等，以免引起患者精神兴奋。避免吃含碘丰富的食物，如海带、紫菜等。减少食物中粗纤维的摄入，以减少排便次数。

（3）休息与活动：甲亢患者因基础代谢亢进，活动耐力下降。评估患者目前的活动量、活动和休息方式，与患者共同制订日常活动计划。由于患者常有乏力、易疲劳等症状，故需要充分的休息，合理安排工作、学习与生活，避免劳累。活动是以不感疲劳为度，适当增加休息时间，维持充足的睡眠，防止病情加重。重症甲亢及甲亢合并心功能不全、心律失常或严重感染者应严格卧床休息。

2. 病情观察 观察患者体温、脉搏、血压、呼吸、心率、体重、情绪等症状变化。观察患者精神状态和手指震颤情况，注意有无焦虑、烦躁、心悸等甲亢加重表现，必要时使用镇静药。若出现原有症状加重、心率增快、大汗淋漓、腹泻、严重乏力等病情变化及时通知医师，配合处理。

3. 用药护理 指导患者正确用药，不可自行减药或停药，并密切观察药物的不良反应，及时处理。抗甲状腺药物治疗的常见不良反应：①粒细胞减少：严重者可致粒细胞缺乏症，因此必须复查血象。粒细胞减少多发生在用药后2～3个月，如外周血白细胞低于3×10^9/L或中性粒细胞低于1.5×10^9/L，应考虑停药，并给予促进白细胞增生药。②药疹：较常见，可用抗组胺药控制，不必停药。如出现皮肤痛痒、团块状等严重皮疹则应立即停药，以免发生剥脱性皮炎。③其他：若发生中毒性肝炎、肝坏死、胆汁淤积综合征、狼疮样综合征、味觉丧失等，应立即停药治疗。

4. 突眼的护理 采用保护措施，预防眼睛受到刺激和伤害。指导患者外出戴墨镜，以防强光、灰尘和异物刺激。当眼睛有异物感、刺痛或流泪时，勿用手直接揉眼睛。经常用眼药水湿润眼睛，避免过度干燥。睡眠或休息时抬高头部，使眶内液回流减少，低盐饮食，可遵医嘱适量使用利尿药，以减轻球后软组织水肿。为减轻球后组织炎性增生，可用氢化可的松或透明质酸酶等药物球后注射或球后放疗，以减轻球后组织炎性增生。定期眼科角膜检查以防角膜溃疡造成失明，如有畏光、流泪、疼痛、视力改变等角膜炎、角膜溃疡先兆，应立即复诊。

5. 并发症处理 甲亢患者易诱发甲亢危象。指导患者自我心理调整，避免感染、严重精神刺激、创伤等诱发因素。坚持治疗，不自行停药。手术或放射性碘治疗前做好充分准备。观察神志、体温、呼吸、脉搏、血压变化。若原有甲亢症状加重，并出现发

笔记栏

热（体温＞39.0℃）、严重乏力、烦躁、多汗、心悸、心率到140次/分以上、食欲减退、恶心、呕吐、腹泻、脱水等应警惕甲状腺危象发生，立即就医。对体温过高者给予冰敷或乙醇擦浴以降低体温；对躁动不安者使用床栏保护患者安全；对严重呕吐、腹泻、大量出汗者要及时补充足够的液体，维持体液量的平衡；对昏迷者加强皮肤、口腔护理，定时翻身，防止压疮、肺炎的发生。

6. 放射性 ^{131}I 治疗的护理

（1）治疗前后1个月内避免服用含碘的药物和食物。

（2）治疗时应空腹服药，服药后 2 小时内不吃固体食物，以免因呕吐而造成 ^{131}I 的丢失。服药后的2～3日，患者喝水量应达到2000～3000ml，以利排尿。

（3）治疗后第1周不要触摸甲状腺。避免精神刺激并注意预防感染。

7. 手术治疗的护理

（1）术前服用抗甲状腺药物至症状控制，且血 T_3、T_4 水平正常后服碘剂，一般不超过2周。

（2）术后严密监测生命体征，观察伤口出血情况，注意患者说话的声音及情绪变化等。

8. 心理护理　甲亢患者常出现精神紧张，情绪易激动，脾气急躁、易怒，受到不良刺激后更明显。患者在检查、治疗和护理过程中出现不配合，或在与其他人交往中出现社交障碍或孤立。因此应关心、体谅患者，与患者交流时态度和蔼，避免语言刺激。鼓励患者表达内心的感受，积极参加社交活动。指导患者家属，控制各种对患者造成不良刺激的信息，帮助患者建立舒畅愉快的生活氛围，使患者的焦虑情绪得到缓解。

五、健康教育

1. 预防指导　老年人少吃含碘丰富的食物，饮食多为高热量、高蛋白、高脂肪、高维生素食物，补充水分，避免劳累和精神刺激，保持情绪乐观。对易患人群进行宣传教育，避免精神刺激、过度劳累等。患者应戒烟。向有甲状腺疾病家族史者讲解甲亢常见临床表现，一旦出现可疑症状，应及时就诊。

2. 知识宣教　向患者及家属讲解有关甲亢的疾病知识和眼睛的保护方法，使其学会自我护理。指导患者注意加强自我保护，上衣领宜宽松，避免压迫甲状腺，严禁用手挤压甲状腺以免甲状腺激素分泌过多，加重病情。鼓励患者保持身心愉快，避免精神刺激或过度劳累，建立和谐的人际关系和良好的社会支持系统。

向服药患者介绍抗甲状腺药物的作用和用法、药物的副作用，强调坚持按医嘱完成

笔记栏

全疗程服药的重要性，不可随意减量和停药。

3. **病情监测** 服用抗甲状腺药物的开始3个月，每周查血象1次，每隔1～2个月做甲状腺功能测定，每天清晨卧床时自测脉搏，定期测量体重，脉搏减慢、体重增加是治疗有效的标志。若出现高热、恶心、呕吐、不明原因腹泻、突眼加重等，则警惕甲状腺危象可能，应及时就诊。

实践项目

项目名称	操作流程	技术要求
协助口服葡萄糖耐量试验	准备	人员准备：洗手，戴口罩、手套 物品准备：治疗盘、真空采血器、真空采血管、75g 葡萄糖粉、水杯、温开水 环境准备：整洁、舒适
	评估	1. 核对：床号、姓名 2. 解释 OGTT 的目的 3. 评估患者，试验前3日每日摄入总热量应足以维持身体需要，每日碳水化合物摄入量不少于300g；试验前1日晚餐后开始禁食至试验结束；试验前3日停服对糖代谢有影响的药物，如利尿药、降糖药等
	实施	1. 采空腹血糖　晨起采静脉血 1ml，作为血糖对照值 2. 口服葡萄糖　将 75g 葡萄糖粉溶于 300ml 温开水 3～5 分钟饮完 3. 采血　从喝第1口糖水开始计时，于服糖后 30 分钟、1 小时、2 小时、3 小时各抽取血标本 1ml 测血糖 4. 采取　血标本后立即送检 5. 安置整理　整理床单位；洗手、记录

目标检测

一、选择题

1. 下列不属于糖尿病慢性并发症的是（　　）

A. 神经病变　　B. 冠心病　　C. 视网膜病变

D. 贫血　　E. 肾病

2. 糖尿病患者失明的主要原因是（　　）

A. 脑血管意外　　B. 白内障　　C. 视网膜病变

D. 青光眼　　E. 虹膜睫状体病变

3. 下列关于老年糖尿病的特点中，不正确的是（　　）。

A. 典型“三多一少”的症状少见　　B. 易并发大血管病变

C. 易并发微血管病变　　D. 多为2型糖尿病

E. 常以慢性并发症为主述就诊

4. 非酮症性高渗性糖尿病昏迷的特点（　　）

A. 血酮体呈阳性　　B. 尿酮体呈阳性　　C. 多无脱水表现

笔记栏

D. 为多饮多尿，有神志改变

E. 血糖浓度和临床症状不相关，昏迷时血糖浓度可不高

5. 老年甲亢临床表现的描述中，错误的是（　　）

A. 老年甲亢可出现心动过缓等慢性心律失常，往往不易与冠心病等鉴别

B. 常以慢性肌病为主要及首要临床表现

C. 往往表现为抑郁、嗜睡等，而不是激动、易激惹

D. 厌食常见

E. 腹泻常见

二、简答题

1. 试述糖尿病的危害。

2. 糖尿病的治疗包括哪些方面？患者如何选择治疗方案？

3. 老年糖尿病患者健康教育内容有哪些？

4. 老年糖尿病的临床特点。

5. 老年人甲状腺功能亢进症的临床表现有哪些？

三、案例分析题

（一）患者，男性，50岁。感疲乏无力，夜间失眠，怕热多汗，食欲亢进半年，伴低热，体重下降，突眼，经医院门诊各项有关检查诊断为甲状腺功能亢进症，予以硫脲类药物治疗，症状渐趋好转。3个月前因其子意外事故死亡而悲痛欲绝，次日出现恶心、呕吐，烦躁不安，心动过速，高热、出汗，即急诊入院。护理体检：T39.6℃，P 128次/分，R 24次/分，BP 60/40mmHg。神清，紧张貌，巩膜无黄染。甲状腺肿大，眼球突出，两肺（–），心律齐，心率 128次/分，心尖部有收缩期杂音，第一心音增强，腹部（–），神经系统（–）。

问题：

1. 目前患者发生了什么情况？什么原因而诱发？

2. 该患者的护理诊断有哪些？

（二）患者，男性，60岁。因多饮，多尿，血糖升高，尿糖（+++），于3岁时诊断为糖尿病。长期口服苯乙双胍（降糖灵）2片/次，每日3次，同时皮下注射胰岛素，每天 24U。1个月前听人介绍“气功可以不用药物治疗”，自行停止用胰岛素及苯乙双胍（降糖灵）。3天前出现上腹部疼痛，食欲减退、头晕、乏力不适，未做任何处理；今晨始在无明显诱因情况下出现恶心、呕吐、胸闷、心悸、口干、尿少，来院急诊治疗。

体格检查：T 37.1℃，P 105次/分，R 23次/分，BP 130/75 mmHg。神志清、精神萎靡、形体消瘦。皮肤、黏膜无黄染及瘀斑，全身浅表淋巴结未及。颈软，甲状腺无肿

笔记栏

大。两肺听诊无异常。心律齐，无病理性杂音。腹软，中上腹部有轻度压痛，肝脾未及。两下肢无异常，神经系统检查无异常发现。

实验室检查：血糖 21 mmol/L、尿糖（+++）、血酮 1.96 mmol/L、二氧化碳结合力 10 mmol/L、血 pH 7.28、氧分压 9.9 kPa、二氧化碳分压 18.5 kPa、血白细胞 12.7×10^9/L。

问题：

1. 该患者目前可能发生了什么情况？怎样配合治疗？

2. 如何对该患者进行健康教育？

【选择题参考答案】

1. D　　2. C　　3. C　　4. D　　5. E

（戢　芳）

笔记栏

项目六

神经系统疾病的护理

学习目标

1. 熟悉神经系统疾病的病因、护理评估、护理问题。
2. 掌握神经系统疾病的护理措施。
3. 了解神经系统病的治疗要点。
4. 能够根据病情选择合理的护理措施并正确实施。
5. 能够进行神经系统的健康教育。

神经系统是人体最精细、结构和功能最复杂的系统，由中枢神经系统（脑、脊髓）和周围神经系统（脑神经、脊神经）组成。神经系统疾病是指神经系统与骨骼肌由于血管性病变、感染、变性、肿瘤、外伤、中毒、免疫障碍、遗传因素、先天发育异常、营养缺陷和代谢障碍等所致的疾病。其常见症状包括意识障碍、失语症、失用症、失认症、智能障碍、遗忘综合征、视觉障碍、眼球运动障碍、面肌瘫痪、听觉障碍、眩晕、延髓麻痹、昏厥、癫痫发作、躯体感觉障碍、瘫痪、肌萎缩、步态异常、不自主运动和共济失调。

神经系统疾病具有起病急、病情重、症状广泛而复杂的特点，是导致人类死亡和致残的主要原因之一。据统计，在我国城市居民主要疾病死因前十位中，脑血管病位居第二，仅次于恶性肿瘤。

知识链接

神经系统老化

1. 脑与神经元　老年人大脑的体积和重量随年龄的增长而减少，神经细胞的数量也随正常老化而减少。最明显的部位在颞上回。脑细胞数量也随年龄增加而逐渐减少，70～90 岁的老年人，大脑神经细胞总数较年轻时减少 20%～45%。大脑在 60 岁之后特征性的病理变化：大脑皮质萎缩，并伴有淀粉样蛋白沉积，神经原纤维缠结，大量记忆

笔记栏

性神经元数目减少，老年斑形成。这些改变是引起衰老的最根本原因。

2. 知觉功能 随着脑血管的退行性变、脑血流量的减少及耗氧量的降低，老年人常出现记忆力减退、思维判断能力降低、反应迟钝等，但通常不会严重影响日常生活。正常老化时对掌握牢固的知识或保留的观念一般不受影响，而痴呆患者的记忆力下降常是不可逆的，且进行性加重。

3. 反射功能 老年人的反射功能易受抑制。常由于肥胖或腹壁松弛，使腹壁反射迟钝或消失；深反射如踝反射、膝反射、肱二头肌反射减弱或消失。

神经系统的老化是导致机体衰老的重要因素。近年来老龄化的趋势，帕金森病、老年期痴呆等老年变性病呈日益增多，威胁老年人的健康，严重影响老年人的生活质量。

任务一 急性脑血管病患者的护理

案例 6-1

患者，男性，69 岁。头晕、轻度头痛、恶心 1 天，左侧肢体活动障碍 2 小时。1 天前生气后出现头晕、轻度头痛、恶心，无呕吐，于家中自测血压 180/100 mmHg，自服“硝苯地平片”后无明显好转，晨起后发现左侧肢体活动障碍，伴言语欠流利，口角流涎、饮水呛咳，无意识障碍。既往史：高血压病史 18 年，血压最高达 190/110 mmHg，间断口服“硝苯地平片”降压治疗，血压控制不平稳。平素性情急躁，吸烟史 28 年，每日 1 包，饮酒史 28 年，每日 3 两白酒。否认药物过敏史。体格检查：T 36.3℃，P 80 次/分，R18 次/分，BP 180/190 mmHg。神志清楚，发育正常，精神不振，言语欠流利，伸舌右偏，左侧鼻唇沟变浅，颈软，无抵抗，双肺呼吸音清，双肺未闻及干、湿啰音，心律齐，心率 80 次/分，腹软，无压痛，肝脾未及，肠鸣音正常，移动性浊音阴性，两下肢无水肿。左侧肢体肌力 3 级，肌张力正常，深浅感觉正常，左侧巴氏征阳性。影像学检查结果：CT：右侧基底节区片状低密度灶，大小约 2.5 cm×1.6 cm，边界模糊。

问题：1. 患者当前主要的护理问题。

2. 针对护理问题提出相应的护理措施。

脑血管疾病（cerebral vasular disease，CVD）是指在脑血管病变或血流障碍的基础上发生的局限性或弥漫性脑功能障碍。脑卒中（stroke）是指急性起病，由于脑局部血液循环障碍所导致的神经功能缺损综合征，症状持续时间至少 24 小时以上，包括脑梗死、脑出血、蛛网膜下腔出血等。如脑缺血的症状持续数分钟至数小时，最多不超过 24 小时，且无 CT 或 MRI 显示的结构性改变，则称为短暂性脑缺血发作（transient

笔记栏

ischemic attacke，TIA）。脑卒中所引起的神经系统局灶性症状和体征与受累脑血管的血供区域一致。

脑血管疾病是神经系统的常见病和多发病，死亡率约占所有疾病的 10%，是目前人类疾病三大死亡原因之一，50%～70%的存活者遗留瘫痪、失语等严重残疾，给社会和家庭带来沉重负担。近年来我国的流行病学资料表明，75 岁以上者发病率是 44～45 岁组的 5～8 倍。脑血管疾病已成为当今严重危害老年人生命与健康的主要公共卫生问题。

目前针对脑卒中患者应收入卒中单元。卒中单元（stroke unit，SU）是为卒中患者提供药物治疗、肢体康复、语言训练、心理康复、健康指导和提高疗效的组织系统，由多学科医护人员参与，包括神经科专业医生和护士、物理治疗师、职业治疗师、语言训练师、心理医生、营养师和社会工作者。该组织系统将早期规范的康复治疗与急性期神经内科的治疗、护理有机结合，防治各种并发症，尽可能使脑卒中患者受损的功能达到最大限度改善，从而提高其日常生活活动能力和社会适应能力。

【脑　梗　死】

一、概述

脑梗死（cerebral infarction，CI）又称缺血性脑卒中，各种原因引起脑部血液循环障碍，缺血、缺氧所致的局限性脑组织缺血性坏死或软化。脑梗死占全部脑卒中的 60%～80%，老年人发病明显增多。

（一）病因

1. **不可干预的危险**　年龄、性别、种族和家族遗传性。

2. **可干预的危险因素**　高血压、心脏病、糖尿病、脂代谢异常、吸烟、酒等。

（二）分类

根据起病形式和病程分类

1. **完全型**　起病后 6 小时内病情达高峰，病情重，表现为一侧肢体完全瘫痪甚至昏迷，临床需与脑出血进行鉴别。

2. **进展型**　发病后症状在 48 小时内逐渐进展或呈阶梯式加重。

3. **缓慢进展型**　起病 2 周以后症状仍逐渐发展。多见于颈内动脉颅外段血栓形成，与全身或局部因素所致脑灌注减少有关，应注意与颅内肿瘤、硬膜下血肿进行鉴别。

4. **可逆性缺血性神经功能缺失**　症状和体征持续时间超过 24 小时，但在 1～3 周

笔记栏

完全恢复，不留任何后遗症。可能与缺血导致不可逆的神经细胞损害，侧支循环代偿迅速而充分，发生的血栓不牢固，伴发的血管痉挛及时解除等有关。

二、护理评估

（一）健康史

评估老人起病的时间、方式，有无明显的前驱症状和伴随症状；有无高血压、糖尿病、高脂血症、吸烟酗酒、冠心病等诱因；脑血栓形成与脑栓塞的机制不同，其病因也有所区别。

（二）身体状况

老年人脑梗死的临床特点：

1. 脑血栓形成 多发生于有高血压、动脉粥样硬化的老年人，发作前有头晕、头痛、肢体麻木无力等前驱症状，25%的老人发病前有 TIA 发作史，多在睡眠或安静状态下起病。发病时一般神志清楚，局灶性神经系统损伤的表现多在数小时或 2～3 天达高峰，不少患者在睡眠中发病，清晨醒来发现偏瘫或失语等。且因不同动脉阻塞表现各异，其中大脑中动脉闭塞最为常见，可出现典型的“三偏”症状：同向偏盲、对侧偏瘫、偏身感觉障碍；若主干急性闭塞，可发生脑水肿和意识障碍；若病变在优势半球常伴失语。

2. 脑栓塞 老年脑栓塞起病急，多在活动中发病，无前驱症状，发展快，意识障碍和癫痫的发生率高，且神经系统的体征不典型。患者常有胸闷、气急、头痛、呕吐、偏瘫失语等，严重者可出现意识障碍、颅内高压、脑疝或继发脑出血等。

3. 无症状性脑梗死 多见于 65 岁以上的人群，无症状性脑梗死的发生率可达 28%。

4. 并发症多 老年人由于心、肺、肾功能较差，常易出现各种并发症，如肺部感染、心力衰竭、肾衰竭、应激性溃疡等，使病情进一步加重。

（三）心理社会状况

评估患者对平时的头痛、头晕、高血压、糖尿病和冠心病的重视程度。患者对突发失语、偏瘫产生自卑、恐惧感。

（四）辅助检查

1. 血液检查 通过血常规、血流变、血糖、血脂、肾功能、凝血功能等检查有助于发现脑梗死的危险因素并对病因进行鉴别。

2. 影像学检查 CT、MRI 等检查直观显示脑梗死的部位、范围、血管分布、有无

笔记栏

出血、陈旧和新鲜梗死灶等，帮助临床判断组织缺血后是否可逆、血管状况以及血流动力学改变。帮助选择溶栓患者、评估继发出血的危险程度。

（五）治疗要点

脑梗死患者的治疗应遵循超早期、个体化和整体化的原则。①超早期治疗：发病后力争于治疗时间窗内选用最佳治疗方案。②个体化治疗：根据患者年龄、病情严重程度、临床类型及基础疾病等采取最适当的治疗。③整体化治疗：采取病因治疗、对症治疗、支持治疗和康复治疗等综合措施，同时对高危因素进行预防性干预。重点是急性期的治疗。

1. 急性期治疗

（1）早期溶栓：在发病后6小时以内进行溶栓使血管再通，及时恢复血流和改善组织代谢，可以挽救梗死周围仅有功能改变的缺血半暗带组织，避免坏死范围扩大。溶栓治疗是目前最重要的恢复血流措施。

（2）调整血压：急性期应维持患者血压于较平时稍高水平，以保证脑部灌注，防止梗死面积扩大。当血压过高（收缩压＞220mmHg 或舒张压＞120mmHg 及平均动脉压＞130mmHg），考虑应用降压药物，首先针对导致血压升高的相关因素如疼痛、呕吐、颅内压增高、焦虑、卒中后应激状态等采取措施。出现持续性低血压者，应补充血容量和增加心输出量，必要时可应用多巴胺、间羟胺等升压药物。

（3）防治脑水肿：脑水肿常于发病后3～5天达高峰，多见于大面积梗死。严重脑水肿和颅内压增高是急性重症脑梗死的常见并发症和主要死亡原因。当患者出现剧烈头痛、喷射性呕吐、意识障碍等高颅压征象时，常用20%甘露醇125～250ml，快速静脉滴注；心、肾功能不全的患者可改用呋塞米20～40mg静脉滴注。

（4）抗血小板聚集：未行溶栓治疗的患者应在发病后48小时内服用阿司匹林。但不主张在溶栓后24小时内应用，以免增加出血风险。急性期过后可改为预防剂量每天100～300mg。

（5）抗凝血治疗：常用药物包括肝素、低分子肝素和华法林。

（6）脑保护治疗：应用胞磷胆碱、钙通道阻滞药（尼莫地平）、脑蛋白水解物等药物和采用头部或全身亚低温治疗，可通过降低脑代谢，干预缺血引发细胞毒性机制而减轻缺血性脑损伤。

（7）高压氧舱治疗：对呼吸正常，呼吸道无明显分泌物，无抽搐以及血压正常的脑血栓形成患者，宜尽早配合高压氧舱治疗。

（8）早期康复治疗：当患者神经功能缺损的症状和体征不再加重，生命体征稳定，

笔记栏

即可进行早期康复治疗，目的是减少并发症出现和纠正功能障碍，调控心理状态，为提高患者的生活质量打好基础。如加强卧床患者体位的管理、加强呼吸道管理和皮肤的管理、肢体活动等以预防各种并发症。

2. 恢复期治疗 控制血压、血脂，稳定患者的病情。恢复期患者的患侧肢体由迟缓性瘫痪逐渐进入痉挛性瘫痪，康复治疗是重要的治疗手段。评估患者病情，综合各种康复手段如物理疗法、针灸、言语训练、认知训练、吞咽功能训练、合理使用各种支具，促进患者患肢运动，强化日常生活活动能力（ADL）训练，利于患者回归家庭和社会。

三、主要护理问题/医护合作性问题

1. 躯体活动障碍 与运动中枢损害致肢体瘫痪有关。

2. 语言沟通障碍 与意识障碍或语言中枢受损有关。

3. 吞咽障碍 与意识障碍或延髓麻痹等有关。

4. 有皮肤完整性受损的危险 与长期卧床、活动障碍等有关。

5. 潜在并发症 感染、消化道出血、压疮、废用综合征等。

四、护理措施

1. 一般护理

（1）环境：保持环境整洁、安静、安全。

（2）饮食：给予高蛋白、高维生素、低盐低脂饮食，吞咽障碍者可给予鼻饲流质饮食或胃肠外营养。

（3）休息与活动：急性期卧床休息，保持呼吸道通畅，抬高头部 15°～30°。日常生活能力评估患者如穿衣、洗漱、如厕等，给予必要的生活照护。

知识链接

吞咽功能评定方法

1. 视频荧光造影（VF） 目前最可信的吞咽功能评价方法。调制不同黏度的造影剂，让患者吞服，在荧光屏幕下摄录整个吞咽过程，评价吞咽障碍的程度和部位。

2. 吞唾液测试 患者取坐位，护士将手指放在患者的喉结及舌骨处，观察 30 秒内患者吞咽的次数和活动度。

3. 洼田饮水试验 患者取坐位，饮温水 30ml，观察饮水经过并记录时间。

4. 摄食-吞咽过程评定 观察进食情况、唇舌和咀嚼运动、食团运送情况、吞咽后有无食物吸入及残留。

笔记栏

2. 病情观察 观察患者生命体征、意识、瞳孔的变化。

3. 用药护理 脑梗死患者常联合应用溶栓、抗凝、扩张血管及改善脑代谢等治疗，指导患者遵医嘱正确用药，注意观察药物的作用和副作用。

（1）溶栓剂：在起病6小时内使用可使脑组织获得再灌注，常用药物为尿激酶、重组型纤溶酶原激活剂，在使用期间应严密观察生命体征、意识、瞳孔的变化，同时注意观察身体有无出血倾向。

（2）抗血小板聚集药：在急性期使用可降低死亡率和复发率，常用药物为阿司匹林和氯吡格雷。观察有无出血倾向，使用阿司匹林应观察有无消化道不适症状。

（3）抗凝血药：可减少 TIA 发作和防止血栓形成，常用肝素和华法林。用药期间严密监测凝血时间和凝血酶原时间。肝素皮下注射后应增加按压时间，以免出血。

（4）降颅压药：大面积梗死可出现脑水肿和颅内压增高，应用脱水剂降颅压，常用甘露醇、呋塞米、血清白蛋白等。使用时应记录24小时尿量，严密监测心、肾功能。

4. 并发症护理 保持大便通畅，禁止用力排便；避免用力咳嗽及情绪激动；积极采取有效护理措施，预防坠积性肺炎、泌尿系感染、压疮、废用综合征等并发症的发生。

5. 心理护理 患者因偏瘫、失语、生活不能自理而产生自卑、消极心理。护士应主动关心和帮助，并理解老人的感受，向患者及家属讲解疾病的诱发因素、治疗和恢复过程，协助患者树立胜疾病的信心。

五、健康教育

1. 预防指导 对有发病危险因素或病史者，指导进食高蛋白、低盐、低脂饮食，多吃新鲜蔬菜、水果、谷类、鱼类和豆类，戒烟、限酒。积极防治高血压、糖尿病、高脂血症、冠心病、肥胖症等诱发因素。保持乐观的良好心态，避免情绪激动。适度参加体育锻炼，劳逸结合，以促进血液循环。

2. 知识宣教 向患者和家属介绍本病的知识，如危险因素、就诊时机、恢复过程等。指导患者遵医嘱正确服用降压、降糖和降脂药物。急性期保持患者肢体的功能位置，防止关节变形而失去正常功能；在神经系统症状体征稳定时，尽早进行被动运动和主动运动；指导患者进行吞咽功能、平衡协调能力、语言功能训练，尽早促进神经功能的康复。

3. 病情监测 定期门诊检查，动态了解血压、血糖、血脂变化和心脏功能情况。早期康复，告知患者和家属康复治疗的知识和功能锻炼的方法，帮助分析和消除不利于

笔记栏

疾病康复的因素，落实康复计划，在康复治疗师指导下，根据康复情况及时调整康复训练方案。吞咽障碍的康复方法：唇、舌、颜面肌和颈部屈肌的主动运动和肌力训练；先进食糊状食物。少量多餐，逐步过渡到普通食物；进食时取坐位，颈部稍前屈（易引起咽反射）；软腭冰刺激；咽下食物练习呼气或咳嗽（预防误咽）；构音器官的运动训练（有助于改善吞咽功能）。

【脑　出　血】

一、概述

脑出血（intracerebral hemorrhage，ICH）指原发性非外伤性脑实质内出血，占急性脑血管病的 20%～30%，多发生于 50 岁以上有高血压病史者，男性稍多于女性，寒冷季节发病率高，在情绪激动或活动中发病，是影响老年人健康的严重疾病。近年报道老年人患病率为 250/10 万，且患病率和病死率随年龄增长而增加，急性期病死率为 30%～40%，存活者中 80%～95%遗留神经功能损害。

最常见病因为高血压合并细、小动脉硬化。其他病因：脑动脉粥样硬化、颅内动脉瘤和动静脉畸形、脑动脉炎、血液病、梗死后出血、抗凝及溶栓治疗等。

二、护理评估

（一）健康史

评估患者起病的方式、速度及有无诱因，发病前有无头晕、头痛、言语不清、肢体麻木等先驱症状；有无高血压、糖尿病、高脂血症、动脉硬化、血液病、淀粉样血管病等，是否服用过与疾病相关药物；是否在情绪激动、兴奋、疲劳、咳嗽或用力排便等情况发病；评估是否使用影响凝血的药物，如溶栓剂、抗凝血药或抗血小板凝聚药物，可在跌倒、外伤后引起脑出血的发生。

（二）身体状况

1. 症状和体征　临床表现的轻重主要取决于出血量和出血部位。80%发生于大脑半球，20%发生于脑干。起病急骤，患者突感头晕、头痛、呕吐，出现语言不清、跌倒等。重者合并胃肠道出血，呕吐物为咖啡色，继之意识逐渐模糊，甚至昏迷，大小便失禁，血压升高出现脑疝死亡。

不同部位出血的表现：①壳核部位出血主要表现为对侧中枢性偏瘫、对侧肢体偏瘫、鼻唇沟变浅，伸舌时舌偏向病灶对侧，偏身感觉障碍和同向偏盲的“三偏”征，同时发

笔记栏

病急，昏迷快。②丘脑出血常见“三偏”征，对侧严重深浅感觉缺失、嗜睡及尿失禁。③脑桥出血时深度昏迷，中枢性高热，针尖样瞳孔，四肢瘫痪，病死率极高。④小脑出血突然起病，有严重眩晕和频繁呕吐、瞳孔缩小、步态不稳定，无明显瘫痪，可有眼球震颤、共济失调，病情发展迅速，可出现昏迷，如不及时救治，死亡率极高。

2. 并发症　在急性期常出现心肌梗死、心律失常、应激性溃疡等并发症。

（三）心理社会状况

脑出血患者如神志清楚，面对突然发生的感觉障碍、肢体瘫痪、失语、构音困难，以及担心预后，可表现出情绪沮丧、心情烦躁、悲观绝望。由于本病发病急，还应评估患者家属有无紧张、恐惧等情况。

（四）辅助检查

1. 血常规　白细胞及中性粒细胞增高。

2. 脑脊液　脑脊液压力增高，血性脑脊液，并有蛋白增高，糖及氧化物正常。

3. 影像学检查　CT是确诊脑出血的首选检查方法，发病初期显示边界清楚均匀高密度区。MRI比CT更易发现脑血管畸形、肿瘤及血管瘤等病变。DSA检查可显示脑血管的位置、形态及分布等，易于发现脑动脉瘤、脑血管畸形等脑出血的病因。

（五）治疗要点

治疗原则为脱水降颅压、调整血压、防止继续出血、减轻血肿所致继发性损害、促进神经功能恢复、加强护理防治并发症。

（1）防治脑水肿：脑出血后48小时脑水肿达高峰，维持3～5天后逐渐降低，可持续2～3周或更长。脑水肿可使颅内压增高，并致脑疝形成，是导致患者死亡的直接原因。积极控制脑水肿、降低颅内压是脑出血急性期治疗的重要环节。可选用甘露醇或甘油果糖。

（2）调整血压：脑出血后血压升高，是机体对颅内压升高的自动调节反应，以保持相对稳定的脑血流量，当颅内压下降时血压也随之下降。因此，脑出血急性期一般不予应用降压药物，而以脱水降颅压治疗为基础。但血压过高时，可增加再出血的风险，应及时控制血压。当血压≥200/110mmHg时，应采取降压治疗，使血压维持在略高于发病前水平或180/105mmHg左右。

（3）抗凝治疗：仅用于并发消化道出血或有凝血障碍时，对高血压性脑出血无效。

（4）外科治疗：壳核出血量＞30ml，小脑或丘脑出血＞10ml，或颅内压明显增高内科治疗无效者，可考虑行开颅血肿清除、脑室穿刺引流、经皮钻孔血肿穿刺抽吸等手

笔记栏

术治疗。一般认为手术应在发病后6～24小时进行。

（5）亚低温疗法：亚低温疗法是在应用肌松剂和控制呼吸的基础上，采用降温毯、降温仪、冰帽等进行全身和头部局部降温，将温度控制在32～35℃。局部亚低温治疗是脑出血的一种新的辅助治疗方法，可减轻脑水肿，减少自由基生成，促进神经功能缺损恢复，改善患者预后，且无不良反应，安全有效。

（6）康复治疗：早期将患肢置于功能位。患者生命体征稳定、病情不再进展，应尽早进行肢体、语言功能的康复治疗，以恢复其神经功能，提高生存质量。

三、主要护理问题/医护合作性问题

1. **有受伤的危险** 与脑出血导致脑功能损害、意识障碍有关。

2. **躯体移动障碍** 与气道内分泌物增加、肺实变等导致通气功能下降有关。

3. **意识障碍** 与脑出血、脑水肿引起大脑功能缺损有关。

4. **自理缺陷** 与意识障碍、肢体瘫痪有关。

5. **潜在并发症** 脑疝、上消化道出血。

四、护理措施

1. 一般护理

（1）环境：为患者提供一个安静、安全、舒适的休息环境，避免各种刺激。

（2）饮食：给予高蛋白、高维生素、清淡、易消化、营养丰富的流质或半流质饮食，以增强体质，利于康复。补充足够水分。昏迷或有吞咽障碍者，遵医嘱予鼻饲饮食。食物应无刺激性，温度适宜，少量多餐。

（3）休息与活动：脑出血急性期绝对卧床休息2～4周，抬高床头15°～30°，以减轻脑水肿；谵妄、躁动患者加保护性床栏，必要时给予约束带适当约束，各种治疗护理操作应集中进行。

2. **病情观察** 脑出血患者发生意识障碍，常提示出血量大、继续出血或脑疝形成，应密切监测生命体征、意识、瞳孔、肢体功能等变化，发现异常及时告知医生。

3. **用药护理** 告知患者药物的作用机制、不良反应及用药注意事项。

（1）降颅压药：常用药物为甘露醇，如患者合并心肾功能不全时选用呋塞米。对颅内压增高明显、意识障碍较重或有脑疝时还可选用地塞米松，但合并糖尿病、消化道出血或严重感染的患者禁用糖皮质激素。

（2）降压药：降压不宜过快过低，避免因血压下降过快引起脑的低灌注。

笔记栏

（3）止血药：对高血压脑出血患者一般不主张使用止血药，如是凝血机制障碍引起的指导患者遵医嘱正确服药。

4. 对症护理　加强对患者的生活护理，加强患者的晨间、晚间护理工作，即保持患者清洁、卫生、整洁，保护患者肢体和皮肤，预防压疮。置患肢于功能位，各关节受压部位需垫棉垫或橡胶气垫，定时给患者变换体位并按摩皮肤，但动作要轻柔。高热患者应给予物理降温和氧气吸入，以减轻脑缺氧，增加血氧含量。及时吸痰以清除口腔和鼻腔内分泌物，防止舌根后坠阻塞呼吸道、误吸和窒息。避免各种引起颅内压增高的因素如剧烈咳嗽、打喷嚏、屏气、用力排便、大量快速输液和躁动不安等。便秘者遵医嘱应用缓泻药。

5. 并发症护理　首先是判断脑出血患者有无继续出血，其主要观察征象是意识、瞳孔、血压、脉搏、呼吸等的变化，若患者血压升高、呼吸不规则、脉搏缓慢、瞳孔先缩小后散大，多表明出血未止，应及时通报医生处理。若患者头痛剧烈、烦躁不安、呕吐频繁、嗜睡、两侧瞳孔大小不等，或血压急骤增高，脉搏缓慢，颈部强直或出现一侧瞳孔散大，表明为脑疝症状，应迅速通知医生急救。

6. 康复护理

（1）保持正确的卧位姿势：当患者的肢体处于麻痹、瘫痪状态时，保持肢体的功能位，正确的体位对避免患者出现异常痉挛是非常重要的。偏瘫患者最好采取健侧卧位，同时也要经常变换体位，以缓解健侧压力过重。当患者健侧卧位时，用枕头垫在患侧肩胛上部，使患肩上外侧呈前倾位，患肢外旋用枕垫托位，肘、腕充分伸展，手掌对床面，患腿在上前，自然弯曲，垫枕头，从而提供舒适的支撑，维持机体的功能位，预防关节强直。当患者仰卧时，为防止肩胛骨的后缩，将伸展的上肢置于枕上，前臂保持旋后位，使患侧躯干伸直。为防止患侧骨盆后坠，在骨盆下垫枕；为防止患侧下肢的外展外旋，应在病肢外下方垫枕，在足底放置保持踝关节背屈、外翻位的足托板。当患者患侧卧位时，应确保患者的体重不对麻痹的肢体造成伤害，卧位时间为20～30分钟，患肩完全前倾外旋，肘腕伸直，掌心向上，髋关节、膝关节略弯曲，腿则弯曲向前。

（2）全身或局部按摩：按摩可促进血液、淋巴循环，防止或减轻水肿，对患肢进行运动感觉的刺激，有利于恢复，使其放松。应按时做按摩，长期坚持，不间断进行。按摩动作要轻柔、缓慢、有节律，切不可用粗暴的手法。按摩的顺序应该从肢体的远端到近端，以利于血液的循环。

（3）做关节的被动运动。

（4）日常生活能力（ADL）训练：在患者能进行床上活动时，便应开始进行进食

笔记栏

动作、洗漱、更衣动作和大小便等自理训练。训练应该循序渐进，坚持先简后繁、先粗后精的训练原则。如患者手功能恢复差，可训练健手操以期达到生活自理。另外可通过编织、绘画、打字、打算盘、堆砌积木等方法训练两手协调和精细动作的能力。应学会生活自理辅助器具的应用，如辅助穿衣用具、助行器等。

7. 心理护理 患者因言语、肢体功能障碍、生活不能自理会产生焦虑、自卑心理。护士应安慰和鼓励患者，同时做好家属的心理疏导，向患者及家属讲解疾病的治疗和恢复过程，帮助患者树立战胜疾病的信心。

五、健康教育

1. 预防指导 指导高血压患者避免各种因素导致血压骤然升高，保持情绪稳定和心态平和；建立健康的生活方式，保证充足睡眠，适当运动，避免体力或脑力过度劳累和突然用力；低盐、低脂、高蛋白、高维生素饮食；戒烟酒；养成定时排便的习惯，保持大便通畅。

2. 知识宣教 告知患者和家属脑出血的病因、临床表现、治疗要点，如遵医嘱正确服用降压药物，维持血压稳定。教会患者自我护理的方法和康复训练技巧，如向健侧和患侧的翻身训练、桥式运动等肢体功能训练及语言和感觉功能训练的方法；使患者和家属认识到坚持主动或被动康复训练的意义。

3. 病情监测 教会患者及家属测量血压的方法和对疾病早期表现的识别，发现血压异常波动或无诱因的剧烈头痛、头晕、晕厥、肢体麻木、乏力或语言交流困难等症状，应及时就医。

任务二 老年期痴呆患者的护理

案例 6-2

患者，女性，72 岁。记忆力减退、言语表达不畅、敏感多疑 2 年。5 年前曾患脑血栓，遗有头晕、双下肢乏力。近 2 年逐渐出现记忆力减退，表现为近事遗忘，言语表达不畅，含混迟钝，不能确切表明自己的意愿，言语重复，语无伦次。性格敏感多疑，喜怒无常，易伤感。病情逐渐加重。既往史：高血压病史 10 年，血压最高达 200/100 mmHg，间断口服“卡托普利”降压治疗，血压控制不平稳。否认药物过敏史。体格检查：T 36.3℃，P 80 次/分，R 18 次/分，BP 150/90 mmHg。神志清楚，发育正常，精神不振，言语欠流利，颈软，无抵抗，双肺呼吸音清，双肺未闻及干、湿啰音，心律齐，心率 80 次/分，腹软，无压痛，肝脾未及，肠鸣音正常，移动性浊音阴性，双下肢无水肿。四肢肌力、

笔记栏

肌张力正常，左侧巴宾斯基征阳性。头颅CT显示：双侧基底节区多个小点状低密度灶，边界清楚。脑沟加深，脑萎缩表现。

问题： 1. 患者当前主要的护理问题。

2. 针对护理问题提出相应的护理措施。

一、概述

老年期痴呆（dementia in the elderly）是由于慢性或进行性大脑结构的器质性损害而引起的大脑高级功能障碍的综合征，是患者在清醒状态下出现的全面持久的智能减退，表现为记忆力、计算力、判断力、注意力、抽象思维能力、语言等功能减退，视觉空间辨认、情感和行为障碍，独立生活和工作能力丧失。老年期痴呆的发病率与年龄密切相关，目前我国 65 岁以上人群患病率高达 4.8%以上，80 岁以上老人重度痴呆高达 20%；老年期痴呆女性多于男性，出现症状后通常可存活 7～10 年。随着老龄人口数量的不断增加，老年期痴呆正在成为世界性的社会难题。据国际阿尔兹海默病协会 2015 年报告，估计每年新发痴呆病例 990 万，也就意味着每 3 秒钟就新增加一例。到 2050 年，全球患有痴呆的人数将达到 1.3 亿人，68%的增长将发生在低中收入国家。我国按照流行病学统计，目前全国 65 岁以上老人痴呆症的发病率为 4.8%。由于老年期痴呆病程缓慢，不容易被患者及家属发现，造成诊断和护理困难，且对痴呆症缺乏认识和理解，影响着患者及其家庭、护理人员和社会。

（一）病因

本病与以下因素有关。

1. 遗传因素 约 15%老年期痴呆患者发病与遗传因素有关，有痴呆家族史者患病率为普通人群的 3 倍。

2. 生理因素 随着年龄的增长，脑的重量逐渐减轻，神经细胞数目大量减少，脑代谢率下降，脑的氧耗量也有了显著的减少，脑血流量减少。

3. 疾病因素 某些疾病加速中枢神经系统的退行性改变，如高血压、高血脂、糖尿病、心脏病等。而大面积脑梗死则是血管性痴呆的主要致病因素。

4. 社会文化因素 患者大多高龄、社交活动减少、部分患者文化水平低及精神刺激、子女感情改变或家庭矛盾等因素均可加速老年人脑的衰老，向老年期痴呆发展。

5. 其他因素 长期烟酒过度，药物中毒，铝在大脑中的积蓄，免疫系统功能障碍，慢性病毒感染等，可以加速人体的衰老过程，导致大脑皮质萎缩，增加老年期痴呆发生机会。

笔记栏

（二）分类

老年期痴呆存在多种不同形式，由于不同形式的痴呆之间界限并不分明，混合性痴呆常同时存在。

1. 阿尔茨海默病（Alzheimer disease，AD） 是痴呆症最常见的形式。皮质弥漫性改变，沟回增宽，脑室扩大，神经元数量大量减少，可见老年斑等病变，胆碱乙酰化酶及乙酰胆碱含量显著减少。

2. 血管性痴呆（vascular dementia，VD） 患者多有明显脑出血、脑血栓等缺血性、出血性及急慢性缺血缺氧性脑血管疾病。

3. 其他 额颞叶痴呆、Pick 病和路易体痴呆等。

二、护理评估

（一）健康史

了解老年人有无脑外伤、心脑血管疾病、糖尿病、既往卒中史、长期吸烟、酗酒等。询问居住地的环境状况，有无铅污染。

（二）身体状况

AD 与 VD 在临床表现上均有记忆障碍和精神症状，但二者间存在着明显差异，其临床鉴别详见表 6-1。

表 6-1 AD 与 VD 的临床鉴别

鉴别要点	AD	VD
起病	隐匿	迅速
病程	缓慢持续进展，不可逆	阶梯式进展
认知功能	全面障碍	有一定自知力
人格行为	常有改变	保持良好
神经系统	中晚期部分患者出现症状、体征	早期有明显脑损害局灶性症状、体征

根据 AD 的临床进展和相关体征症状，大致分为三个阶段。

1. 早期（遗忘期） 由于病程缓慢，早期常常被家人忽略，一般可持续 1～3 年。常见症状：

（1）记忆力减退：首发症状，尤其是近期记忆明显减退，不能学习和保留新的信息。

（2）情绪不稳，情感较幼稚：无缘无故出现感觉郁闷、哀伤，或突然无理由的心绪不宁、坐卧不安、易激惹、偏执、急躁、缺乏耐心等；做事说话迟缓，对事情缺乏兴趣，

笔记栏

总有疲劳和倦怠感。

（3）语言能力下降：找不出合适的词汇表达思维内容，甚至出现孤立性失语。

（4）计算力下降：购物、存取款等简单账目计算费力，甚至不能计算。

（5）人格改变：主动活动减少、对环境兴趣下降、对人缺乏热情，敏感、多疑、孤僻自私，多疑，部分患者可有幻听、妄想等。

（6）空间定向障碍：熟悉环境中会迷路；时间观念淡漠，甚至完全没有时间感。

2. 中期（混乱期）　随着病程进展，症状持续加重，对健康和生活质量影响更大，多在起病后 2～8 年。主要表现为：

（1）记忆力障碍：完全不能学习和回忆新信息，对最近的事件和人名健忘，往事逐渐淡忘。

（2）定向力进一步丧失：对时间、人物、地点的定向判断发生障碍，在家中迷路，经常去向不明，甚至走失。

（3）沟通障碍：言语单调，失语、失读、失写等。

（4）人格改变：主动动作渐少，端坐发呆；对人冷漠、言语粗俗、不修边幅、随地便溺、当众裸体，甚至出现违法行为。

（5）行为改变：行为退缩或紊乱，情感淡漠，无主动性和缺乏注意力；收藏废物视作珍宝、攻击性行为等变化。

（6）认知障碍：不能对日常生活进行理解和判断，日常生活能力下降，难以自理，衣食住行等需要他人帮助。

3. 晚期（极度痴呆期）　患者生活近乎完全依赖他人照顾，现严重记忆障碍，体征和症状更加明显，严重影响患者的健康和生活质量。多在起病后 8～12 年。主要症状：

（1）不能感知时间和地点。

（2）辨认亲朋好友存在困难。

（3）日常生活完全不能自理，二便失禁。

（4）行走困难。

（5）具有进攻性行为或无自主运动，缄默不语，呈植物人状态。

（6）智力基本丧失。

VD 的主要临床表现为记忆障碍、精神症状和脑损害引起的局灶性神经症状，如偏瘫、感觉丧失、视野缺损等。症状的轻重与病损的部位、大小及发作次数密切相关。

4. 并发症　晚期患者常因坠积性肺炎、压疮、泌尿系感染等并发症而死亡。

笔记栏

（三）心理社会状况

老年期痴呆患者大多数时间限制在家里，常感到孤独、寂寞、羞愧，甚至有自杀行为。由于痴呆患者患病时间长、自理缺陷、人格障碍，需家人付出大量时间和精力进行照顾，同时家人缺乏相应的社会支持系统，尤其当老人康复效果不理想时，有些家属会失去信心，甚至冷落、嫌弃老年人。

（四）辅助检查

1. 影像学检查 对于AD患者，CT或MRI显示有脑萎缩，且进行性加重。

2. 神经心理学检查 采用量表测试可直接、简要地加以判断、结合症状作出诊断。常用精神状态量表（MMSE）、长谷川痴呆量表筛查老年期痴呆；韦氏记忆量表、临床记忆量表测查患者记忆能力，韦氏成人智力量表测试患者智力水平；采用汉密尔顿抑郁量表（HAMD）、画钟测验、日常生活能力量表（ADL）等协助临床诊断。采用Hachinski缺血量表对AD和VD进行鉴别，见表6-2。

表6-2 Hachinski缺血量表

临床表现	分值	临床表现	分值
1. 突然起病	2	8. 情感脆弱	1
2. 病情阶梯式恶化	1	9. 高血压病史	1
3. 病程波动	2	10. 脑卒中发作史	1
4. 夜间意识模糊明显	1	11. 合并脑动脉硬化	1
5. 人格相对保持完整	1	12. 神经系统局灶症状	2
6. 情绪低落	1	13. 神经系统局灶体征	2
7. 有躯体不适的主诉	1		

知识链接

画钟测验

画钟测验是一个有效的认知测量工具，测验完成需要很多认知过程参与，早期诊断老年期痴呆敏感性在80%～90%，特异达到60%～90%，可作为早期诊断老年期痴呆的指标。画钟测验要求受检人在白纸上用一支铅笔独立画出小钟，在10分钟内完成，并标出指定时间，如9点15分。目前国际上普遍采用四分法计分：①画出闭锁的圆得1分；②将数字安置在表盘的正确位置得1分；③表盘上包括全部12个正确的数字得1分；④将指针安置正确的位置得1分。本测验文化相关性很小，不受语言、文化教育的影响，只要能听懂简单提示语，都能画出同样的时钟。画钟测验适合于我国老年人早期痴呆的筛查。

笔记栏

（五）治疗要点

目前尚无特效治疗可逆转脑功能缺损或阻止病情发展，可进行对症治疗。

（1）乙酰胆碱转移酶抑制药：可轻微改善认知功能，包括他克林、多奈哌齐、雷司替明、加兰他敏等，副作用有恶心、呕吐、腹泻、头晕和厌食等。

（2）抗精神类药：对控制痴呆伴发的行为异常有作用。具有明显精神兴奋，行为紊乱，吵闹不休者，可用地西泮或奋乃静，症状改善后应立即减药或停药，不能长期服用。

（3）神经保护性治疗：有延缓痴呆进展的轻微疗效证据。可以改善大脑代谢，主要有维生素 E、单胺氧化酶抑制剂司林吉兰、辅酶 A、三磷腺苷静脉滴注，都可喜、中药金纳多银杏、冠心舒、安神补脑液也有一定改善大脑代谢的作用。

三、主要护理问题/医护合作性问题

1. **记忆力障碍**　与记忆进行性减退有关。
2. **定向力障碍**　与思维障碍、记忆障碍有关。
3. **自理缺陷**　与认知行为障碍有关。
4. **语言沟通障碍**　与思维障碍、记忆障碍有关。
5. **有受伤的危险**　与认知障碍有关；与抑郁、幻觉、妄想有关。

四、护理措施

1. 一般护理

（1）环境：将老人安排在易于观察、照顾的房间里，房间固定，尽量避免转换房间或更换床等导致老人的情绪、行为异常。桌上不要放置危险物品，每天一定要彻底检查整理房间及床铺周围的情况，防止任何可能带来危险的事情发生。

（2）饮食：食物要简单、软滑，最好切成小块；进食时，将固体和液体食物分开，以免老人直接吞咽导致窒息。进餐及饮水时取坐位或半坐卧位；给患者充足的进餐时间和创造安静的进食环境；定时并由家人或照顾者陪同进餐；注意保持营养均衡；进餐前清洁双手并允许患者手取食物，或使用特别设计的餐具方便进餐；讲解进餐步骤并进行示范，指导患者分次少量缓慢吞咽，需要时喂食。

（3）休息与活动：对痴呆老人提供合理的生活环境是最基本的护理工作。不要让老人有孤独感，鼓励老人多结交朋友，参加集体活动，散步、聊天，调节情绪。尽可能地调动本人的积极性，诱发他们参加刺激而有趣的活动，使他们能够精神活跃，积极乐观地对待生活。

笔记栏

2. 病情观察 观察患者的记忆力、生活自理能力的变化，尽早进行康复锻炼，并密切观察康复中病情缓解的程度。

3. 用药护理 凡临床诊断为老年期痴呆的患者，无论病程长短常需药物治疗，一般以口服给药。为预防发生呛咳、误吸、窒息、烫伤等意外情况，做好以下护理：

（1）全面评估：详细询问用药史、评估患者自我服药的能力，包括视力、听力、阅读能力、理解能力、记忆能力、获取药物的能力等，结合患者的具体情况，进行个性化护理。

（2）简化用药：按医嘱尽量减少用药种类、数量、次数、剂型，持续用药时间，避免采用过小剂量的药物，帮助患者主动记忆外形的药物。

（3）用药安全：患者服药时取站位、坐位或半坐位。服药时避免谈话或催促。服药前水温，不可过烫。送服药物时避免饮水过猛过快。对过大或形状多角的药物可掰开或溶解服用。睡眠时服药应先唤醒待其完全清醒后再服药等。

（4）陪伴服药：防止患者误服、漏服、拒服药物而影响治疗。外观、颜色或名称相似的药物分别放置在不同颜色的格子内，并标明服药时间，放在易取用、固定的位置。定时服药，必要时全程陪伴服药。

（5）药物管理：对伴有抑郁症、幻觉和自杀倾向的患者，照顾者一定要把药物管理好，放到患者拿不到或找不到的地方，避免意外。

（6）观察不良反应：中重度痴呆患者服药后常不能诉说服药后的不适，照顾者要随时随地细心观察患者的不良反应，需要时准确记录并及时与医生沟通，调整给药方案。

（7）辅助治疗：照顾者可通过陪同患者散步等适当运动调整患者昼夜生活习惯，摆放有意义的纪念照等营造良好的用药环境，使患者安心接受治疗，可有效缓解患者失眠、焦虑等症状。

4. 康复训练

（1）认知训练：①进行地点训练、时间训练、人物训练，纠正患者错误的时间、地点、人物等概念。②记忆训练：鼓励患者多接触周围的亲朋好友，共同回忆过去的生活经历，帮助其认识目前生活中的人和事，以恢复记忆并减少错误判断；参加一些力所能及的社交活动，通过声音、动作、语言、图像等信息刺激，提高记忆力；对于记忆障碍严重者，通过编写日常活动安排表、制订作息计划、挂放日历等，帮助记忆；对容易忘记的事或经常出错的程序，设立提醒标志，通过自行取放物品强化记忆；鼓励患者多参加各种有兴趣的休闲活动，通过种植、养护、观察等过程增强记忆。③智力训练：根据患者病情和文化程度由简单到复杂反复进行智力训练，如进行拼图游戏，对一些图片、实物、单词做归纳和分类等以帮助患者扩大思维和增强记忆。

笔记栏

（2）语言理解和表达能力训练：加强与患者的交流沟通，为其提供语言练习环境，并鼓励患者多读书、看报、听广播、看电视，接受来自外界的各种信号刺激；对命名性失语的患者可在常接触的用品上贴标签，帮助患者读出物品的名称，并让患者反复练习；在讲述一件事情后提问让患者回答，或让其解释词语等方法训练患者的理解能力和表达能力。

（3）自理照顾能力训练：根据环境条件和患者自身情况，尽可能给予患者自我照顾的机会，提高和训练患者的自理能力。指导患者反复练习洗漱、穿脱衣服、用餐、服药、打电话、如厕、使用生活用具等，每天3～5次，循序渐进，坚持训练，通过协助、指导、监督最终达到主动完成。注意训练时多鼓励、赞扬，提高患者自信心。

（4）社会适应能力训练：尽可能地让患者脱离封闭的生活环境，鼓励与他人的接触交流等，多了解外部信息，鼓励患者积极参与家庭事务的处理，并给予指导和帮助。

5. 日常生活护理　穿着棉质衣裤，宽松内衣；衣服以拉链替代纽扣、弹性腰带替代皮带；衣物按穿着顺序叠放；选择松紧口的鞋子；鼓励患者选择合适的服装，并告知穿着步骤，协助穿衣。白天适当限制睡眠：入睡前酌情安慰、轻拍患者或播放患者喜爱的音乐促进睡眠。

6. 安全护理　最常见的安全问题有迷路、走失、伤害他人，或跌倒、烫伤、烧伤、误服毒物、过量服药、自伤等意外伤害，突发心脑血管疾病、昏迷等严重情况，危险性大，照顾者必须加强护理，确保患者安全。

（1）提供稳定的生活环境：①尽量避免搬家，以免给患者增加生活上的困难；②必须到新的环境中如户外活动、探亲访友、入住老年机构等必须有照顾者陪同，直至患者完全熟悉环境。

（2）预防意外发生：①患者居室和活动空间地面做好防滑处理，防止跌伤；②患者洗澡、饮水的温度不可过高，热水瓶放在不易接触碰撞的地方，防止烫伤；③禁止患者独自完成做饭、烧水等家务，防止发生煤气中毒或烧伤、火灾等意外；④可能造成伤害的刀剪等锐利物品和杀虫剂等有毒、有害物品加锁保管或放在隐蔽处，防止患者自伤或误服中毒；⑤患者出现攻击性等激越行为时要保持镇定，积极引导转移其注意力，并分析查找原因积极应对，必要时遵医嘱使用药物控制；⑥患者外出最好有人陪同，佩戴胸卡或手环，上面写有患者姓名、家人电话、家庭详细住址、疾病诊断及随身携带药物等信息，方便在患者迷路、走失或出现突发事件时得到及时救助；⑦加强皮肤护理、加用床档等，对于生活完全不能自理的重症患者安排专人护理，防止窒息、压疮、坠床等发生。

7. 心理护理

（1）患者的心理护理：①减少刺激：患者常有不同程度的听力和视力下降，当身体

笔记栏

不适或自身要求过高未能得到满足时可因幻觉、妄想而出现躁动、叫喊，甚至伤人等攻击性行为，在治疗躯体疾病的同时要加强生活护理，满足患者合理的需要。②陪伴患者：鼓励家人或照顾者尽可能多陪伴患者外出散步、参加社交活动、接触社会等，充分发挥家庭和社会的支持作用，使其能够体会到生活的快乐和家庭的温暖，减轻或消除孤独等不良心理。③维护患者自尊：与患者交谈时要和颜悦色，专心倾听；回答患者问题时要减慢语速，尽可能使用简洁明了、形象生动的语言，使用面部表情等非语言行为进行交流；患者在生活自理、社交活动等方面做出努力或有进步时要及时给予肯定和表扬，微笑、握手、拥抱或轻拍等使其获得心理支持更好的配合护理；患者出现情绪激动、攻击等行为时要及时询问并分析原因，多理解、并积极引导患者转移注意。

（2）照顾者的心理护理：照顾者常因患者病情严重、病程过长、缺乏有关知识和足够的心理准备而产生焦虑、恐惧等心理改变。要教会照顾者学习自我放松，合理休息，与家人、社区、老年机构等密切合作，最大限度地获得家庭和社会的支持。

五、健康教育

1. 预防指导 指导老年人勤用脑，预防大脑萎缩。调节情志，避免精神刺激，养成良好的生活规律，积极参加社交活动。发现疾病后鼓励尽量维持生活能力和参加社会活动，加强家庭和社会对患者的照顾和帮助，进行康复治疗和训练。

2. 知识宣教 向患者及家属介绍本病的有关病因，指导避免诱发因素。教育保持良好的心理状态，平时生活要有规律，合理安排活动和休息时间，注意劳逸结合，积极配合治疗。

3. 病情监测 明确痴呆早期症状，早期诊断可使患者从容地与医生和家人讨论未来医疗问题。晚期患者需要专人护理，防止暴力行为自伤或伤及家人。定向障碍和空间障碍的患者应减少外出，以防意外。

任务三 帕金森病患者的护理

案例 6-3

患者，男性，74 岁。行动迟缓伴左上肢不自主抖动 9 年。9 年前无明显诱因下出现行走困难，步伐变小变慢，转身及翻身困难，左手静止性震颤，穿衣、夹菜动作迟缓，呈进行性加重，伴有头晕，卧床坐立或站立后头晕明显，无视物旋转、恶心呕吐等，服用多巴丝肼片后，行动迟缓及肢体不自主抖动好转，但头晕无明显好转，平素精神一般，有焦虑情绪，夜间睡眠可，大便干结，2～3 天 1 次，小便无明显异常，近期体重无明

笔记栏

显改变。既往有高血压病史10余年，血压最高180/120mmHg，平素服用非洛地平缓释片，血压控制在160/120mmHg左右，有前列腺切除手术史。体格检查：T36.5℃，P68次/分，R：20次/分，BP160/100mmHg，患者神志清醒，由卧位转为坐卧位或立位时感头晕，双侧瞳孔等大等圆，直径约2.5mm，光反射灵敏，眼球各个方向运动正常，口角无歪斜，伸舌居中。双肺呼吸音清，双肺未闻及干、湿啰音，心律齐，心率68次/分，腹软，无压痛，肝脾未及，肠鸣音正常，移动性浊音阴性，两下肢无水肿。慌张步态，四肢肌力5级，肌张力齿轮样增高，左上肢静止性震颤，针刺觉两侧对称，快速轮替运动不协调，跟腱串联试验不能完成，平衡障碍，颈强直。头颅CT：未见异常。

问题： 1. 患者当前主要的护理问题。

2. 针对护理问题提出相应的护理措施。

一、概述

帕金森病（parkinson disease，PD）又称震颤麻痹，是中老年常见的神经系统变性疾病，以静止性震颤、运动减少、肌强直和体位不稳为临床特征，主要病理改变以黑质多巴胺（DA）能神经元变性缺失和路易小体形成。患病率随年龄的增长而增高，男性稍多于女性。帕金森病是一种慢性进展性变性疾病，目前尚无根治方法，疾病晚期由于严重肌强直、全身僵硬终至卧床不起。肺炎、骨折、感染等各种并发症是常见的死因。

本病的病因未明，发病机制复杂。目前认为PD非单因素引起，应为多因素共同参与所致，可能与以下因素有关：

1. 遗传因素　绝大多数PD患者为散发性，约10%的患者有家族史，呈不完全外显的常染色体显性遗传或隐性遗传。

2. 环境因素　一氧化碳、二氧化硫、锰、汞和氰化物等有害物质可能是PD的危险因素。有人认为居住在钢铁厂、工业化学品厂和印刷厂周围的人患帕金森病的危险性明显增高。

3. 年龄老化　本病多见于中老年人，60岁以上人口的患病率高达1%，而40岁以前发病者甚少，年龄老化可能与发病有关。随年龄增长，多巴胺能神经元逐渐退变是PD的促发因素。

4. 疾病因素　脑炎、动脉硬化、颅脑外伤、基底节肿瘤或钙化等病损以及利血平、酚噻嗪类、丁酰苯类和抗抑郁药等药物中毒，均可产生与震颤麻痹类似的临床症状或病理改变，这些情况统称为震颤麻痹综合征或帕金森病。

笔记栏

二、护理评估

（一）健康史

多数患者持续较久的躯体症状，如震颤、走路缓慢、颈部和四肢动作明显减少。另外与长期应用精神类药物、一氧化碳中毒、脑血管疾病、脑炎、外伤有关。

（二）身体状况

1. 静止性震颤 常为首发症状。多自一侧上肢开始，典型的为“搓丸样动作”，为肢体的促动肌和拮抗肌节律性（每秒4～6次）交替性收缩而致。静止时明显震颤，活动时减轻，情绪紧张时加重，睡眠时消失。随病程进展，逐渐发展至同侧下肢及对侧上下肢，最后累及舌、唇、腭及头部。

2. 肌强直 被动活动关节时，阻力在开始时较明显，随后迅速减弱，呈折刀样，称为“折刀样强直”，多伴有腱反射和病理反射。本病表现屈肌与伸肌张力同时增高。进行肢体被动运动时始终保持较高的阻力，如同弯曲铅管的感觉，称为“铅管样强直”。患者做关节被动运动时，出现断续的停顿，如同转动齿轮的感觉，称为“齿轮样强直。”四肢、躯干、头部和面部均可受累。

3. 运动迟缓 为PD的突出症状。随意运动缓慢、减少。开始的动作困难和缓慢，如行走时启动和终止均有困难。面部表情呆板，很少眨眼，称“面具脸”。咀嚼、吞吐、说话均有困难，出现流涎。早期，患者上肢运动减少，合并肌强直，书写困难，字弯曲不正，越写越小，称“写字过小征”。精细动作如解系鞋带和扣纽扣、洗脸、刷牙和穿衣、脱衣等进行困难。

4. 姿势步态异常 站立时，头前倾，躯干俯屈，膝稍屈，上臂内收，肘屈曲，行走时步伐小，上肢连带运动消失，起步困难且慢，但越走越快，不能及时停步，呈慌张步态。

5. 其他 还可出现顽固性便秘、出汗、皮脂溢出增多、眼睑阵挛、发音过弱、直立性低血压等，少数患者晚期可出现痴呆。

（三）心理社会状况

由于患病时间较长，逐渐出现自理能力缺陷；长时间用药但病情依然发展，患者及家属会失去信心，对疾病的担忧而导致抑郁。帕金森病发展缓慢，病程较长，患者易产生恐惧心理。

笔记栏

（四）辅助检查

影像学检查　PET-CT、SPE-CT 显示基底节多巴胺转运体显像。

（五）治疗要点

1. 药物治疗　早期无须特殊治疗，若疾病影响患者的日常生活和工作能力，则需药物治疗，多种药物能较好地减轻症状，但不能控制疾病进展。

（1）抗胆碱能药：对震颤和强直有效，对运动迟缓疗效较差，适于震颤突出且年龄较轻的患者。常用药物有苯海索（安坦）、丙环定（开马君）、东莨菪碱等。

（2）金刚烷胺：促进神经末梢释放多巴胺，并阻止其再吸收，可改善运动减少、强直和震颤等。肾功能不全、癫痫、严重胃溃疡和肝病患者慎用，哺乳期妇女禁用。

（3）复方左旋多巴：是治疗 PD 最有效的药物或金指标。可改善 PD 所有临床症状，对运动减少有特殊疗效。要尽可能推迟用药时间，应用小剂量，最后与多巴胺受体激动剂合用。包括多巴丝肼（美多巴）、复方左旋多巴（帕金宁）、卡左双多巴（息宁控释片）等。闭角型青光眼、精神病患者禁用，活动性消化道溃疡患者应慎用。常见急性副作用包括恶心、呕吐、低血压、不安和意识模糊等，疾病后期左旋多巴的迟发并发症包括症状波动、异动症和精神症状等。

（4）多巴胺受体激动剂：能直接激动纹状体，产生和多巴胺相同作用的药物，从而减少和推迟运动并发症的发生。年轻患者早期可单用，中晚期与复方左旋多巴合用。常用药物有培高利特、溴隐亭等。

（5）儿茶酚-氧位-甲基转移酶（COMT）抑制剂：抑制左旋多巴在外周的代谢，增加多巴胺入脑量。一般与复方左旋多巴制剂合用，可改善其疗效。常用药物恩他卡朋。

（6）单胺氧化酶 B 抑制剂：通过抑制多巴胺分解代谢，增加脑内多巴胺含量。与复方左旋多巴合用有协同作用，减少约 1/4 左旋多巴的用量，能延缓开关现象出现，用作神经保护剂可维持轻症患者。常用司来吉兰（思吉宁）。胃溃疡患者慎用。

2. 手术治疗　对于长期药物治疗效果不理想，同时出现异动症的患者可以考虑手术治疗。外科治疗包括苍白球或丘脑底核毁损或切除术，采用立体定向手术是通过定向仪确定手术靶点，进而将手术器械导入靶点实施手术的方法。该治疗对本病有较好的疗效，但术后仍有可能复发。另外还有脑深部电刺激和细胞移植术。前者对年龄较轻，症状以震颤、强直为主且偏于一侧者效果较好，术后仍需药物治疗。后者仍处于实验阶段。

3. 康复治疗　进行语言、进食、肢体运动及日常生活训练和指导，可改善生活质量，减少并发症。

笔记栏

三、主要护理问题/医护合作性问题

1. **躯体移动障碍** 与肌肉强直、协调功能异常有关。

2. **语言沟通障碍** 与肌肉强直、运动减少有关。

3. **营养失调** 低于机体需要量：与吞咽困难、饮食减少和肌强直、震颤所致机体消耗量增加有关。

4. **生活自理能力缺陷** 与平衡能力下降有关。

5. **潜在并发症** 压疮、感染、外伤。

四、护理措施

1. **一般护理**

（1）环境：居室应清洁、整齐、安静、光线明亮。保持充分的防护，注意减少其运动区域障碍物，防止地面潮湿，以免患者摔伤或跌倒，必要时专人陪护。对于下肢行动不便、起坐困难者，应配备高位坐厕、高脚椅、手杖、床铺护栏、室内或走道扶手等必要的辅助设备；生活日用品放置于患者伸手可及处，以方便患者取用。

（2）饮食：饮食以低胆固醇、适量优质蛋白、高热量、高维生素、高纤维素、易消化食物为宜。吞咽困难者应辅助进食或鼻饲。由于高蛋白饮食会降低左旋多巴类药物的疗效，故不宜盲目给予过多的蛋白质。增加蔬菜、水果及高纤维素食物的摄入。多饮水、给患者足够的进食时间。做好口腔护理，防止食物残渣存留。

（3）休息与活动：告知患者运动锻炼的目的在于防止和延缓关节强直与肢体挛缩；有助于维持身体的灵活性，增加肺活量，防止便秘、保持并增强自我照顾能力。应与患者和家属共同制定切实可行的具体锻炼计划。

2. **病情观察** 评估患者饮食及营养状况，注意每天进食量和食品的组成；注意震颤、步态、语言表达能力、生活自理能力的变化等。

3. **用药护理** 告知患者本病需要长期或终生服药治疗，让患者了解常用的药物种类、用法、服药注意事项、疗效及不良反应的观察与处理，告诉患者长期服药过程中可能会突然出现某些症状加重或疗效减退，让患者了解用药过程中可能出现的“开关现象”“剂末现象”以及应对方法。

从小剂量开始，逐步缓慢加量直至有效维持；服药期间尽量避免使用维生素 B_6、利血平、奋乃静等药物，以免降低药物疗效或导致直立性低血压。用药过程中要仔细观察震颤、肌强直和其他运动功能、语言功能的改善程度，观察患者的起坐速度、步行姿势、讲话音调及流利程度，写字、梳头、扣纽扣、系鞋带以及进食动作等，以确定药物疗效。

笔记栏

4. 语言功能护理　为患者创造良好的语言环境，鼓励患者放声朗读，反复训练可提高语言强度和言语速度。对于言语不清、构音障碍的患者，应耐心倾听患者的主诉，了解患者的生活需要和情感需要，可指导患者采用手势、纸笔、画板等沟通方式与他人交流；在与患者沟通的过程中注意尊重患者。

5. 运动功能护理

（1）姿势训练：矫正躯干和四肢的屈曲姿势，反复训练患者保持躯干直立和四肢的良好姿态。

（2）步态训练：肌肉紧张度增强，肢体乏力不灵活，有明显的步态障碍者着重训练原地站立、高抬腿踏步，行走时双眼直视，上下肢保持协调，逐步纠正小步和慌张步态。步行时跨步要慢，步距要小，并做左右转和前后进退的训练。

（3）面部训练：指导患者进行面肌功能训练，如鼓腮、伸舌、噘嘴、露齿、吹吸等，可改善面部表情和吞咽困难。

（4）基本动作训练：患者练习起立、坐下、卧床、起床、翻身等动作，注意循序渐进。

6. 自我修饰指导　指导患者保持着装整洁和自我形象的尽量完美；为患者提供必要的隐蔽环境，尤其是进行起居、饮食和排泄等生活护理；督促进食后及时清洁口腔，随身携带纸巾擦净口角溢出的分泌物，维持自身形象。

7. 对症护理　注意发生胃食管反流，及时吸出口腔内反流物，防止窒息和肺炎。大量流涎者，应保持口腔清洁，以免合并口腔炎。卧床患者垫气垫床或按摩床，保持床单清洁、干燥，定时翻身、拍背，并注意做好骨突处保护，预防压疮。保持大小便通畅。对于顽固性便秘患者，每天双手顺时针按摩腹部，促进肠蠕动；还可适量服食蜂蜜、麻油等帮助通便，必要时遵医嘱口服硫酸镁、番泻叶等缓泻剂，或给予开塞露塞肛、灌肠等。对于排尿困难的患者应指导患者精神放松，腹部按摩、热敷以刺激排尿，膀胱充盈无法排尿时给予导尿和留置尿管。

8. 心理护理　护理人员同情和理解患者，对患者的症状不应流露嫌弃、厌烦的表情，不催促患者，给患者尽可能多的关心和爱护；帮助患者理智地对待疾病，控制情绪，并争取家庭配合，给予具体的护理支持和心理调适的技巧。护士应以高度的责任心做好护理工作，帮助患者在生理、心理及各方面最大限度地恢复健康，延缓疾病发展。

五、健康教育

1. 预防指导　由于帕金森病的病因迄今为止不甚清楚，因此，预防尚十分困难。

笔记栏

目前，一氧化碳、二氧化硫、锰、汞和氰化物等有害物质以及利血平和抗抑郁剂等药物的中毒所引起的帕金森综合征并非鲜见，应在临床上予以足够的重视。对于前者有密切接触的人群应该进行定期的普查，而对后者在临床上应该避免长期应用，避免引起黑质、纹状体的变性，从而导致震颤麻痹的发生。

2. 知识宣教 指导患者及家属了解本病的临床表现、病情进展和主要并发症，帮助患者和照顾者适应角色的改变，掌握疾病相关知识和自我护理方法，制订切实可行的护理计划并督促落实。①皮肤护理：患者因震颤和不自主运动，出汗多，应勤洗勤换衣物，保持皮肤卫生；中晚期患者因运动障碍，卧床时间增多，应勤翻身勤擦洗，防止局部皮肤受压和改善全身血液循环，预防压疮。②康复训练：早期无运动功能障碍时，鼓励患者坚持适当的运动，做力所能及的家务劳动等，保持关节活动的最大范围，可以延缓身体功能障碍的发生和发展，提高生活质量；加强日常生活动作训练，进食、洗漱、穿衣等应尽量自理；卧床患者协助被动活动关节和按摩肢体，预防关节僵硬和肢体挛缩。③安全护理：指导患者避免登高和操作高速运转的机器，不要单独使用煤气、热水器及锐利器械，防止受伤等意外；避免让患者使用易碎的器皿；外出时需人陪伴，尤其是精神智能障碍者，随身携带写有患者姓名、住址和联系电话的“安全卡片”或佩戴手腕识别牌，以防走失。

3. 病情监测 定期门诊复查，动态了解血压变化和肝肾功能、血常规等指标。当患者出现发热、外伤、骨折或运动障碍、精神智能障碍加重时及时就诊。

实 践 项 目

项目名称	操作流程	技术要求
Ⅰ期压疮老年人皮肤护理	准备	人员准备：洗手，戴口罩、手套 物品准备：①治疗盘：润肤露、毛巾；②脸盆内备温水、体位垫、干净被服、衣裤、洗手液、翻身记录本、笔等 环境准备：整洁、舒适
	评估	1. 核对：床号、姓名 2. 判断老人是否有压疮及压疮分期并评估原因 3. 向老人解释压疮的基本知识和评估其心理反应；解释压疮的预防及护理方法，沟通语言恰当
	实施	1. 安全与舒适 环境清洁，温暖；注意安全，操作中无擦伤；老人体位舒适；注意保暖 2. 翻身 移动老人身体至操作人员远侧 翻身方法正确（两手臂着力点正确，用力得当，老人姿势舒适） 动作稳妥，不拖、拉、拽老人 老人体位稳定，胸前、腿下支撑合理 各种治疗措施安置妥当（如导尿管，输液管等） 3. 皮肤检查 检查受压部位皮肤颜色；检查皮肤湿度、温度，检查方法正确 4. 擦洗 热水温度适宜；擦洗方法正确；擦干皮肤方法正确；涂抹润肤露并适当按摩 5. 防护垫使用 防护垫选择合适，干燥，透气、柔软；防护垫放置部位正确；放置方法正确（不擦伤、不拖拉） 6. 整理记录 扫净并整理老人衣服、床单、被褥（平整、干燥、无皱褶）；衣服整理平整，卧位舒适

笔记栏

目 标 检 测

一、选择题

1. 老年期痴呆患者最早的特征表现是（　　）

A. 行为改变　B. 意识改变　C. 记忆力改变

D. 思维改变　E. 语言改变

2. 患者，女性，90 岁。文盲。日常生活不能自理，记忆力下降，不知道自己住在哪里；注意力不集中，答非所问；不认识自己的儿女，有时对人漠不关心，有时大吵大闹。根据患者的情况，下列护理措施哪项不正确（　　）

A. 照顾老年人的日常生活起居　B. 辅助药物治疗，观察患者的反应

C. 加强认知方面的锻炼　D. 提供相应的心理护理

E. 早期发生的记忆力下降的改变可以先不加理睬

3. 协助诊断急性脑血管病首选的检查项目为（　　）

A. 血、尿、大便常规　B. 头颅 CT 或 MRI

C. 心电图检查　D. 脑脊液检查

E. 病理反射

4. 发生帕金森的原因，是由于哪种神经递质的减少（　　）

A. 乙酰胆碱　B. 多巴胺　C. 5-羟色胺

D. 肾上腺素　E. 脑梗死

5. 面具脸常见于下列哪种疾病（　　）

A. 阿尔茨海默病　B. 癫痫　C. 帕金森病

D. 脑出血　E. 脑梗死

二、简答题

1. 老年人脑血管意外的护理措施有哪些?

2. 老年期痴呆的临床表现有哪些?

3. 如何预防老年期痴呆的意外发生?

4. 如何预防老年期痴呆?

5. 简述帕金森的临床特点。

三、案例分析题

（一）患者，女性，75 岁。上楼时突然摔倒，不省人事 1 小时急诊入院。有高血压史 1 3 年。体格检查：T36.8℃，P105 次/分，R 27 次/分，BP185/105 mmHg。浅昏迷，双侧瞳孔 2 mm，右侧鼻唇沟变浅，口角歪向左侧，右侧肢体瘫痪，右侧巴宾斯基征阳

笔记栏

性。头颅 CT 检查示左基底节区有一高密度影。

问题：

1. 该患者的诊断是什么？
2. 应做好哪些生活护理？
3. 如何做好院外抢救？

（二）患者，男性，68 岁。记忆力明显减退近 1 年，加重 3 个月。患者表情呆滞，少言懒语，不能准确说出家人姓名、自己生日、日期及家庭详细住址等，不记得刚吃过的早饭，不能进行简单计算，不能与人正常交往，不能胜任以往熟悉的工作，视空间能力差，注意力不能集中，哭笑无常，手足抽动，腰酸腿软，言语模糊，口涎外溢，吞咽障碍，左下肢活动不利，不能自行穿脱衣服、坐起、站立、室内行走，二便失禁，睡眠差，食欲减退。既往发生两次脑卒中。脑 CT 示：双侧额叶、颞叶、丘脑、脑干多发性脑梗死；脑回增宽，脑室扩张，脑白质稀疏，脑萎缩。量表得分：简易精神状态量表（MMSE）评分 1 分；日常生活能力量表（ADL）评分 67 分。

问题：

1. 你认为该患者患了什么疾病？
2. 分析该患者存在哪些护理问题？针对这些问题采取哪些护理措施？
3. 你认为采取何种方法可以延缓该病的进展？
4. 如何对高危人群进行健康教育？

【选择题参考答案】

1. C　　2. E　　3. B　　4. B　　5. C

（唐　婵　江碧蓉）

笔记栏

项目七

运动系统疾病的护理

学习目标

1. 熟悉运动系统疾病的病因、护理评估、护理问题。
2. 掌握运动系统疾病的护理措施。
3. 了解运动系统疾病的治疗要点。
4. 能够根据病情选择合理的护理措施并正确实施。
5. 能够进行运动系统疾病的健康教育。

运动系统疾病是指病变累及骨、关节及其周围软组织，包括肌肉、肌腱、滑膜、韧带、神经等的一系列疾病。其主要临床表现是关节疼痛、肿胀、活动功能障碍，病程进展缓慢，发作与缓解交替出现，部分患者可发生脏器功能损害，甚至功能衰竭。

近年来，由于人口老龄化和环境变化等原因，运动系统疾病的患病率呈逐年上升趋势。进入老年期后，由于免疫功能下降，内分泌功能的变化，活动减少，消化管对钙、维生素 D 的吸收减少以及神经系统对运动的支配、协调能力下降，使老年人运动系统出现不同程度的退行性变化，可出现关节僵硬、疼痛、肌肉痉挛、机体活动受限及骨折的发生，严重影响老年人的生活质量。

知识链接

呼吸系统老化

1. 骨骼　老年人骨骼中的有机物质含量减少或逐渐消失，骨质逐渐萎缩，使骨骼韧性降低，脆性增加。骨骼中的矿物质不断减少，内部构造出现改变，如骨基质变薄，骨小梁减少变细，骨质密度减少而导致骨质疏松。同时，老年人骨代谢的骨生成和骨吸收间失去平衡，骨的新陈代谢缓慢，造成老年人骨的修复与再生能力逐渐减退。骨折愈合需要的时间较长，不愈合的比例增加。

2. 关节　①关节软骨：关节软骨退化，由于长期磨损，关节软骨面变薄，软骨粗

笔记栏

糙、破裂而成为小碎片，脱落于关节腔内，形成游离体，可使老年人在行走时关节疼痛。关节软骨纤维化、弹性减弱，滑囊僵硬，使关节僵化。②滑膜及滑液：老年人滑膜出现退行性变。滑膜细胞数和细胞质减少，滑膜萎缩变薄，纤维增多，基质减少，滑膜的代谢功能减弱促使关节软骨变性，导致软骨损害。③椎间盘：由于脱水、软骨纤维化和黏多糖的改变，椎间盘变扁平，椎间隙变窄，脊椎的高度变短。纤维环含水量逐渐减少，弹性和韧性降低或消失。当骨赘突出压迫周围神经、脊髓、椎动脉时可引起相应的症状，故老年人较易发生颈椎病、腰椎间盘突出症。

3. 肌肉　肌肉老化的表现为骨骼肌细胞内的水分减少，肌纤维萎缩、变细。弹性降低，肌力减退，肌肉总量减少。30 岁男性肌肉约占体重的 43%，60 岁以上仅占 25%。肌肉老化以腰腿部的变化较为明显，故老年人易出现肌疲劳，表现为腰酸腿痛。由于肌肉的老化，加上老年人脊髓和大脑功能的衰退，活动减少，导致老年人动作迟缓、笨拙，行走缓慢不稳，容易跌倒。若卧床不起，或限制在轮椅上活动，可进一步导致肌肉无力、老化。

任务一　骨质疏松症患者的护理

案例 7-1

患者，女性，70 岁。间断腰背痛 10 年，加重半年。10 年前出现劳累后腰背酸痛，休息可缓解，无明显活动受限。7 年前患者提半桶水时突发剧烈背痛，无法活动，X 线显示“L_1 压缩性骨折”，卧床 2～3 个月，未进一步诊治。近半年来患者腰背痛渐加重，严重时翻身、上下楼受限，睡眠受影响。患者平素户外活动少，饮食以素食为主，无口干、多饮、多尿，无肉眼血尿；饮用奶制品腹泻，平时大便正常。发病以来体重稳定，身高较年轻时缩短 9cm（由 165cm 降低为 156cm）。既往史：高血压病史 20 年。无糖皮质激素、甲状腺激素等服用史。体格检查：T 36.5℃，P80 次/分，R16 次/分，BP 130/80 mmHg。神志清楚，发育正常，双肺呼吸音清，心律齐，心率 80 次/分，腹软、肝脾未及，两下肢无水肿。胸椎下段后突，胸腰椎压痛、叩痛（+）。X 线检查：胸腰椎侧位片示骨质疏松，腰 1 椎体楔形变。

问题：1. 患者当前主要的护理问题。

2. 针对护理问题提出相应的护理措施。

一、概述

骨质疏松症（osteoporosis，OP）是一种以骨量减少和骨组织微结构破坏为特征，

笔记栏

导致骨骼的强度降低、骨质脆性增加和易发生骨折的一种代谢性疾病。骨质疏松症分为原发性和继发性两类。原发性骨质疏松症包括绝经后骨质疏松症（Ⅰ型）和老年骨质疏松症（Ⅱ型），是机体衰老的一种特殊表现，占发病总人数的85%～90%。是使骨质脆性增加导致骨折危险性增大的一种常见病，女性的发病率高于男性，约为男性的3倍，患病率随增龄而增高。继发性骨质疏松症是由甲亢、库欣综合征等疾病、长期大剂量使用糖皮质激素所致，占发病总人数的10%～15%。

骨质疏松症的老人极易发生股骨颈骨折、脊椎骨折，发生髋部骨折的患者1年内可有15%的死亡，约50%的遗留残疾，因此骨质疏松症是引起老年人卧床和致残的主要疾病。

骨质疏松症的发生与多种因素有关：

1. 遗传因素 多种基因的表达水平和基因多态性可影响骨代谢（如维生素D受体、雌激素受体的基因）。另外，基质胶原和其他结构成分的遗传差异与骨质疏松的发生有一定关系。

2. 内分泌因素 内分泌因素在骨的生成和骨量维持方面起着重要作用。老年人随年龄的增长，性腺功能减退，性激素分泌减少，骨的形成减慢，吸收加快，导致骨量下降；由于增龄，甲状旁腺素逐年增高，与细胞因子作用于骨细胞，通过其分泌的细胞因子促进破骨细胞的作用，导致骨质丢失加速。

3. 营养成分 老年人由于牙齿脱落和消化功能下降，食量减少，导致维生素D、钙、蛋白质摄入不足；因肾功能减退，1，25-二羟基维生素D_3产生减少，影响钙的吸收；维生素D可促进骨细胞的活性作用，磷、蛋白质及微量元素可维持钙、磷比例，有利于钙的吸收，缺乏这些物质可使骨的形成减少。

4. 生活方式 体力活动是刺激骨形成的基本方式，老年人运动量减少，骨质缺乏活动刺激，导致骨质脱钙。故长期卧床及活动过少的老年人易于发生骨质疏松。此外，吸烟、饮酒，高蛋白、高盐饮食，大量饮用咖啡和浓茶，光照减少等均影响骨形成，造成骨质疏松。

5. 药物因素 长期使用糖皮质激素、肝素、甲状腺素等可影响钙的吸收，尿钙排泄增加，骨量减少导致骨质疏松。

二、护理评估

（一）健康史

重点询问与骨质疏松症发病相关的病因及女性绝经的时间。有无吸烟、酗酒、进食高盐、高蛋白食物、喝浓茶和咖啡的习惯，户外活动及光照时间是否充足。

笔记栏

（二）身体状况

1. 骨痛和肌无力 最早出现的症状，表现为全身或腰背部疼痛、肌无力。劳累或活动后加重，负重能力下降或不能负重。

2. 身长缩短、驼背 骨质疏松非常严重时，椎体内部骨小梁变细，数量减少。因椎体度减少导致脊柱椎体压缩变形，身长平均缩短 3～6cm。脊柱椎体前部是身体的支柱，负重量大，骨质疏松时造成压缩变形，使脊椎前倾，背屈加剧，形成驼背。

3. 骨折 骨折是老年骨质疏松症最常见、最严重的并发症。轻微外力或创伤就可诱发，如打喷嚏、弯腰、负重、挤压或摔倒等。老年骨质疏松症并发骨折可高达 6%，多发生在桡骨远端、股骨颈、胸腰椎。脊柱压缩性骨折可导致胸廓畸形，使肺活量和肺最大换气量下降，导致肺功能下降，引起胸闷、气短、呼吸困难等，因易发肺部感染、心血管病和慢性衰竭而死亡。

（三）心理社会状况

患者因骨质疏松、骨折导致骨痛和活动受限及经济负担，易产生焦虑、烦躁、悲观失望等情绪，身体外形的改变挫伤其自尊心而不愿参加社交活动。

（四）辅助检查

1. X 线检查 是最简单易行的检查方法。骨量丢失超过 30%以上时才能显示出骨质疏松，表现为皮质变薄、骨小梁减少变细，骨密度减低、透明度加大，晚期出现骨变形骨折。

2. 生化指标 骨生化检查可作为骨质疏松症的参考。包括骨形成指标、骨吸收指标及血、尿骨矿成分，骨钙素增高，血清镁、尿镁均有所下降。

3. 骨密度检查 骨密度检测对骨质疏松症早期诊断、预测骨折风险性和评估疗效有重要作用。采用单光子骨密度吸收测定法（SPA）、双能 X 线吸收测定法（DEXA）、定量 CT 检查。

（五）治疗要点

1. 一般治疗

（1）适当运动：适当的运动可增加和保持骨量，并可使老年人躯体及四肢肌肉和关节的协调性和应变力增强，对预防跌倒、减少骨折的发生很有好处。运动类型、方式和运动量根据患者具体情况而定。并适当进行负重锻炼，避免肢体制动。

笔记栏

（2）合理膳食：补充足够的蛋白质有助于 OP 的治疗。多进食富含异黄酮类食物，如大豆等对保持骨量也有一定作用。老年人还应适当增加含钙丰富食物的摄入，如乳制品、海产品等。增加富含维生素 D、维生素 A、维生素 C 及含铁的食物，以利于钙的吸收。少饮酒、咖啡和浓茶，不吸烟。

（3）补充钙剂和维生素 D：不论何种类型的骨质疏松症均应补充适量钙剂，除增加饮食制剂钙含量外，可补充碳酸钙、葡萄糖酸钙、枸橼酸钙等。每天钙摄入量应为 800～1200mg，可同时服用维生素 D_3 以利于钙的吸收。

2. 对症治疗　有疼痛者可给予适量的非甾体镇痛药，如阿司匹林或吲哚美辛；发生骨折或顽固性疼痛时，可考虑短期应用降钙素制剂，如降钙素（密钙息），有镇痛作用，还能抑制骨吸收，促进钙在骨基质中的沉着。对继发性 OP 应针对病因治疗。有畸形者应局部固定或采用其他矫形措施防止畸形加剧。有骨折时应给予牵引、固定、复位或手术治疗，同时应尽早辅以物理治疗和康复治疗，避免因制动或失用加重病情。

3. 特殊治疗　根据患者病情选择性激素补充疗法、抑制骨吸收药物或介入治疗，缓解症状，促进恢复。

三、主要护理问题/医护合作性问题

1. 疼痛　与骨质疏松、骨折及肌肉疲劳有关。

2. 躯体活动障碍　与骨痛、骨折引起活动受限有关。

3. 焦虑　与担心疾病预后有关。

4. 潜在并发症　骨折。

5. 自尊低下　与身长缩短或驼背等外形改变有关。

四、护理措施

1. 一般护理

（1）环境：室内应阳光充足、空气新鲜。老年人因运动、感觉和平衡功能下降，骨骼脆性增加，易发生跌倒而骨折，地面应清洁、干燥、防滑，通道无障碍物，卫生间、过往通道应安置扶手，为老人提供安全的环境。

（2）饮食：尊重老年人的饮食习惯，做到合理饮食。鼓励老人多摄入含钙丰富的食物，如牛奶、乳制品、大豆、豆制品、海带、虾米等。含维生素 D 丰富的食品有禽、蛋、肝、鱼肝油等。老年人一般每天摄入钙应不少于 850mg，如已经发生骨质疏松症，则每日应不少于1000～200mg。少喝浓茶、咖啡和碳酸饮料，以免影响钙吸收。

（3）休息与活动：根据老人的身体状况，制订个体化的活动计划。对能运动的老人，每天进行适当的体育活动可增加骨量，保持骨密度，降低骨丢失；对因疼痛致活动受限的老人，可指导老年人维持关节的功能位，每天进行关节的活动训练，保持肌肉的张力；对因为骨折而固定或牵引的老年人，可指导其做上下肢活动、足背屈和跖屈等动作。

2. 病情观察 对已发生骨折的老年人，应定时翻身，避免压疮发生。指导患者进行呼吸和咳嗽训练，做被动和主动的关节活动训练，定期检查防止并发症的出现。

3. 用药护理

（1）钙制剂：如碳酸钙、葡萄糖酸钙等，服用时注意不可与绿叶蔬菜一起服，防止形成钙螯合物而影响钙的吸收，使用过程中注意多饮水，减少泌尿系统结石形成。

（2）钙调节剂：包括降钙素、维生素D和雌激素，使用降钙素时要观察有无低血钙和甲状腺功能亢进的表现；在服用维生素D的过程中要监测血清钙和肌酐的变化；老年女性患者，应慎用雌激素类药物，必须使用时应详细了解家族中有无肿瘤、心血管疾病的病史，须在医生指导下使用性激素，而且剂量要准确。在治疗期间，每6个月进行妇科检查一次，密切监测子宫内膜的增生变化，指导老年人学会阴道出血的观察。

（3）二磷酸盐：如依替磷酸二钠、帕米磷酸钠、阿仑磷酸钠等，此类药物易受食物的影响，降低药效，故应晨起空腹服用，同时饮清水200～300ml，至少30分钟内不能进食或饮料，也不能平卧。注意监测血钙、磷和骨吸收生化标志物。

4. 对症护理 腰背部肌肉紧张及椎体压缩性骨折导致疼痛，可通过卧床休息，洗热水浴、按摩等使肌肉放松，减轻疼痛。仰卧时头不可过高，可在腰下垫一软枕，必要时可使用辅助支架、紧身衣等限制脊柱的活动；对疼痛严重者可遵医嘱使用镇痛药、肌肉松弛药等药物；骨折患者可行牵引或手术治疗。

5. 并发症护理 尽量避免弯腰、负重等行为。行动不便的老年人可以使用助行器，防止发生跌倒。长期卧床患者，应加强皮肤护理，预防压疮的发生。

6. 心理护理 了解老年人的心理，鼓励其表达内心的感受，明确影响老年人情绪的原因，给予及时疏导，缓解其心理压力；指导老年人在穿着和修饰上掩饰形体的改变；强调老年人在资历、学识或人格方面的优势，增强自信心，逐渐适应形象的改变。

笔记栏

五、健康教育

1. 预防指导　骨质疏松的预防比治疗更重要，应积极避免导致骨质疏松的各种因素。指导老年人摄入足够含钙及维生素 D 丰富的食物，戒烟、限酒，少饮咖啡和浓茶；坚持适当运动和户外日光照射，预防骨质疏松和骨折；提供老年人有关的书籍、图片和影像资料，讲解骨质疏松和骨折的防治知识。

2. 知识宣教　指导老年人正确服用钙剂，钙剂应与维生素 D 同时服用，教会老年人观察各种药物的不良反应。指导老年人尽早实施康复训练，同时配合有氧运动增强体质。

3. 病情监测　应用激素治疗的患者应定期检查，以早期发现可能出现的不良反应。

任务二　退行性骨关节炎患者的护理

案例 7-2

患者，女性，62 岁。主诉：双膝关节反复疼痛、肿胀 1 年，加重 1 周。1 年前劳累后出现双膝关节疼痛、肿胀，晨起关节疼痛明显，过度活动时疼痛加重，尤以上下楼明显。疼痛多于寒冷天气、着凉后或劳累后加重。近 1 年病情逐渐加重。出现关节活动不灵活，有摩擦音。间断服用“布洛芬”止痛对症治疗，病情反复发作。近 1 周劳累后上述症状加重。既往史：体健。否认药物过敏史. 体格检查：T 36.2℃，P 70 次/分，R16 次/分，BP 130/80 mmHg。神志清楚，发育正常，精神不振，双肺呼吸音清，双肺未闻及干、湿啰音，心律齐，心率 70 次/分，腹软，无压痛、反跳痛及肌紧张，肝脾未及，肠鸣音正常，移动性浊音阴性，两下肢无水肿。双膝关节肿胀畸形。X 线检查：可见双膝关节间隙狭窄，软骨下骨质硬化，囊性变，关节边缘骨赘形成。

问题： 1. 患者当前主要的护理问题。

2. 针对护理问题提出相应的护理措施。

一、概述

退行性骨关节病（degenerative osteoartheropathy）又称骨性关节炎、老年性骨关节炎、增生性骨关节病等，是由于关节软骨完整性破坏以及关节边缘软骨下骨板病变，导致关节症状和体征的一组异质性疾病。病变主要侵犯滑膜囊关节，好发于负重较大的关节，如脊柱、髋关节、膝关节及手指关节等部位。高龄男性髋关节受累多于女性，手骨

笔记栏

性关节炎则以女性多见。其发病率随年龄的增大而升高，65 岁以上的老年人患病率达 68%。主要表现为关节疼痛、活动受限、关节变形等，是老年人致残的主要原因之一，严重影响老年人的日常生活。

（一）病因

1. 年龄 老年人随着年龄增长，关节软骨中蛋白多糖含量减少，聚集能力及抗疲劳性下降，韧带、关节囊松弛，导致关节不稳定。

2. 疾病影响 先天性关节畸形、关节创伤、关节面的后天性不平衡及其他疾病。

3. 药物因素 长期不合理使用肾上腺皮质激素。

（二）分类

1. 原发性 发病原因可能与遗传因素、生理性老化、肥胖、性激素、吸烟等因素及长期不良姿势导致的关节形态异常、长期反复从事使用关节的职业或剧烈的文体活动对关节的磨损等因素有关。老年人退行性骨关节病绝大部分为原发性。

2. 继发性 常见于关节先天性畸形、关节创伤、关节面的后天性不平衡及其他代谢内分泌疾病（如糖尿病、肢端肥大症、甲状旁腺功能减退）等。

二、护理评估

（一）健康史

询问老年人有无关节疼痛、肿胀及晨僵，疼痛起因、性质、持续时间；既往是否有关节扭伤史、脱位史及服药史。

（二）身体状况

1. 症状

（1）关节疼痛：因关节活动增加而症状加重，休息后可缓解，从一个姿势变为另一个姿势时，开始活动感到不便，有疼痛，活动一段时间后疼痛反而轻，但过度活动，如步行较长距离，则又会感到关节疼痛和关节受限，上台阶、下台阶、上汽车时均感到疼痛吃力。晚期为持续性疼痛，肌肉痉挛加重，关节粘连滑膜充血，关节囊变厚，活动时刺激囊内神经而引起疼痛。

（2）关节僵硬：关节活动特别不灵活，久坐或清晨起床后关节有僵硬感，不能立即活动，要经过一定时间后才感到舒服。这种僵硬和类风湿关节炎不同，时间较短暂一般不超过 30 分钟。但到疾病晚期，关节将永久不能活动。

笔记栏

（3）关节内卡压现象：当关节内有小的游离骨片时，可引起关节内卡压现象，表现为关节疼痛、活动时有响声和不能屈伸。膝关节卡压易使老年人摔倒。

（4）关节肿胀、畸形：膝关节肿胀多见，因局部骨性肥大或渗出性滑膜炎引起，严重者可见关节畸形、半脱位等。

（5）功能受限：各关节可因骨赘、软骨退变、关节周围肌肉痉挛及关节破坏而导致活动受限。此外，颈椎骨性关节炎脊髓受压时，可引起肢体麻痹和无力，椎动脉受压可致眩晕、耳鸣，以致复视、构音或吞咽障碍，严重者可发生定位能力丧失或突然晕倒，腰椎骨性关节炎腰椎管狭窄时，可引起下肢间歇性跛行，也可出现大、小便失禁。

2. 体征

（1）压痛和被动痛：受累关节局部压痛，伴滑膜渗出时明显。有时虽无压痛，但关节被动运动时可发生疼痛。

（2）关节活动弹响：关节活动弹响以膝关节多见，可能与软骨缺失和关节面欠光滑有关。

（三）心理社会状况

疼痛使老年人不愿意过多走动，社会交往减少；功能障碍使老年人的无能为力感加重，产生自卑心理；疾病的迁延不愈使老年人对治疗失去信心，产生消极悲观的情绪，给老人带了一定的心理压力。

（四）辅助检查

1. X 线检查　典型表现为受累关节间隙狭窄，关节面不规则和变形，关节边缘骨赘形成，关节内游离骨片。严重者关节面萎缩、变形和半脱位。

2. CT 检查　用于椎间盘疾病的检查，效果优于 X 线。

3. MRI 检查　能发现早期的软骨病变和观察到半月板、韧带等关节结构的异常。

（五）治疗要点

无特效药物能中止本病的进展，综合性的治疗目的在于减轻疼痛，保护关节功能。

1. 一般治疗　首先让患者对本病有所认识，知道如何保护关节，避免对关节的过度负重，肥胖者要减肥，纠正不正确的姿势。在病情稳定期进行适当的锻炼以延缓关节的退行性变化。在有疼痛症状时应予受累关节以充分的休息及应用药物等治疗。

笔记栏

2. 药物治疗 药物治疗可用阿司匹林、吲哚美辛（消炎痛）及其他非甾体抗炎药等。

3. 物理治疗 红外线、超声波、蜡疗、离子导入等物理治疗可减轻炎性水肿，促进血液循环，减轻肌肉痉挛和缓解疼痛。有神经根压迫者，可适当选用颈椎或腰椎牵引。

4. 手术治疗 关节腔内有多量积液时，可穿刺排液，穿刺后加压包扎和制动，或注入醋酸氢化可的松 25 mg。症状严重、疼痛不能缓解或活动受限、明显关节畸形或跛行者，可行手术治疗，包括游离体摘除、骨赘切除、关节面修整、关节融合术、关节成形术和人工关节置换术等。

三、主要护理问题/医护合作性问题

1. 疼痛 与关节退行性变引起的关节软骨破坏及骨板病变有关。

2. 躯体活动障碍 与关节疼痛、畸形所引起的关节或肢体活动困难有关。

3. 有跌倒的危险 与关节破坏所致的功能受限有关。

4. 自理能力缺陷 与疾病引起躯体活动障碍有关。

5. 焦虑 与担心疾病预后有关。

四、护理措施

1. 一般护理

（1）环境：保持室内适宜的温度，保持居室温暖，避免寒冷、潮湿。

（2）饮食：饮食宜富含维生素、蛋白质，营养丰富，保证钙质摄入，糖、盐不宜过多。

（3）休息与活动：适当休息，不要过于劳累，可进行适当的锻炼，以增强机体抗病力。疼痛剧烈时，需卧床休息，根据实际情况，遵医嘱活动。如活动确有困难，可进行被动活动，但不要勉强。老年性骨关节病患者的病变关节，不可静止不动，又不可过度活动，关键在于适度。

2. 病情观察 观察患者关节症状，如关节肿胀、疼痛部位、活动度、有无畸形、晨僵的程度，以判断病情及拟订治疗方案。

3. 用药护理 根据医嘱给予药物治疗，并注意观察药效及不良反应。应用非甾体抗炎药，可与食物同服，以减轻胃刺激。注意肝功能及消化道反应症状，有活动性溃疡病慎用。

笔记栏

4. 对症护理　临床实践显示，寒冷可以诱发或加重疼痛症状；而局部温热常可缓解或消除症状。故保持居室及病变局部的温暖是十分必要的。红外线、超声波和其他温热疗法，一般对缓解症状有益处，可在家庭使用。关节疼痛时可按医嘱使用一般镇痛药，减轻和消除患者痛苦。

5. 并发症护理

（1）防止压疮：协助患者定时翻身，适当使用气垫等抗压力器材，以预防压疮。

（2）预防便秘：保证足够的液体入量，多食富含纤维素的食物，适当活动，必要给予缓泻药。

（3）防止受伤：加强保护措施，尤其是患者活动初期应有人陪伴，防止受伤。

（4）适宜锻炼：老年性骨关节病与经常性的关节磨损有密切关系。疼痛症状的出现是由于软骨下细微的骨折、滑膜炎、骨髓静脉压升高、关节囊变厚、骨赘、关节的半脱位或畸形所引起。故平时应当注意避免关节的剧烈活动和过度负重，任何方式的运动与锻炼都应以不加重病变关节的负担为原则。如颈椎病变应注意避免长久低头、点头；腰椎骨关节病应避免弯腰后的腰部旋转动作；指关节病变要避免手指过度用力；下肢各关节病变要避免跑步与久立。平时不大进行体育锻炼或运动量不大的老人，不要突然加大运动量，尤其是要避免强行或被动地进行超关节活动限度的屈曲、旋转动作，以避免或减轻关节面的反复损伤，保护病变关节。当有明显关节疼痛症状出现时，应使该关节处于休息状态，使症状缓解。可做一般轻微活动及静止性肌力训练，以保护关节稳定。

6. 心理护理　鼓励老年人积极治疗，坚持正确的康复锻炼，保持肢体功能和体型。为老年人安排有交际的环境，增加其与外界环境互动的机会；主动提供一些能让老年人体会成功的活动并实时给予鼓励和奖赏，维护老年人的自尊，增强其自信心；协助老年人使用健全的应对技巧，鼓励学会自我控制不良情绪的方法。

五、健康教育

1. 预防指导　强调休息和治疗性锻炼的重要性，养成良好的生活方式和习惯，在疾病缓解期每天有计划地进行锻炼，增强机体的抗病能力，保护关节功能，延缓功能损害的进程。

2. 知识宣教

（1）疾病知识：结合老年人自身的特点，向其介绍本病的病因、不同关节的表现、X线片结果、药物及手术治疗的注意事项。

笔记栏

（2）保护关节：指导老年人正确的关节活动姿势，尽量应用大关节而少用小关节，动作不宜过大，不加重关节的负担和劳损。

（3）康复训练：指导老年人进行关节的康复训练，通过主动和被动的功能锻炼，可保持病变关节的活动，防止关节粘连和功能活动障碍。不同关节的锻炼有所不同：①髋关节：踝部和足部的活动，鼓励老年人多做股四头肌的收缩，去除牵引或外固定后，床上练髋关节的活动，进而扶拐下地活动。②膝关节：早期练股四头肌的伸缩活动，解除外固定练伸屈及旋转活动。③肩关节：练习外展、前屈、内旋活动。④手关节：主要锻炼腕关节的背伸、掌屈、桡偏屈、尺偏屈。颈椎病的老年人于症状缓解后做颈操：先仰头，侧偏头颈使耳靠近肩，再使头后缩转动。每个动作后应回到中立位，再做下一个动作，动作宜缓慢。

3. 病情监测 指导患者用药方法和注意事项，用药期间应严密观察药物疗效及不良反应，定期检测血常规、尿常规以及肝、肾功能等，一旦发现有严重的不良反应，应立即停药并及时处理。

实践项目

项目名称	操作流程	技术要求
运用轮椅转运老年人	准备	人员准备：洗手 物品准备：①多功能护理床：可拆卸式多功能餐桌、电动便器、三段式防水床垫、可拆卸式床头床尾、无线遥控装置、可折叠双侧护栏、可移动脚轮、脚轮刹车。②普通轮椅：大车轮、小车轮、手轮圈、轮胎、刹车、椅座、防压疮座垫、脚踏板、腿托、靠背、扶手 环境准备：整洁、舒适
	评估	1. 核对：床号、姓名 2. 评估老年人肢体功能障碍情况 3. 向老年人解释并取得合作
	实施	1. 固定轮椅　检查轮椅是否完好；固定轮椅，与床呈30°～45°角 2. 协助做起　协助老年人健侧偏向护理员一侧；协助老年人坐起；协助老年人穿好衣服和鞋 3. 坐入轮椅　解释转运过程，取得合作；搀扶或抱起老年人坐入轮椅，双手扶稳扶手；系好安全带，将双脚放在踏板上，必要时遮盖毛毯 4. 转运　松开刹车，平稳前进；转运过程中注意观察老年人是否有异常情况；询问老年人坐在轮椅上的感受 5. 整理记录　整理轮椅和床单位；洗手，记录老年人反应

目标检测

一、选择题

1. 老年骨质疏松最早出现的症状是（　　）

A. 驼背　　B. 身长缩短　　C. 骨折

D. 骨痛　　E. 呼吸功能障碍

笔记栏

2. 患者，女性，70 岁。腰背疼痛 2 年余，近日起床后腰背部持续疼痛，1 小时后加重来院就诊，诉无外伤。查体：腰椎 1～2 压痛，表面无红肿。患者急需进行哪项检查（　　）

A. 骨密度测量
B. X 线检查
C. 血清钙水平
D. 血清碱性磷酸酶水平
E. 血清磷水平

3. 老年骨关节炎患者的临床表现描述不妥的是（　　）

A. 主要症状是患病关节部位疼痛
B. 早期轻，逐渐发展而加重
C. 活动多后疼痛加重
D. 部分患者休息时也疼痛
E. 患者易发生骨折

4. 老年骨关节炎治疗措施不妥的是（　　）

A. 休息、保护关节
B. 避免过多活动或损伤关节
C. 可使用抗炎镇痛药或理疗减轻疼痛
D. 更年期女性患者可使用糖皮质激素减轻疼痛
E. 保守治疗无效可手术治疗

5. 患者，男性，67 岁。退休前为建筑工人，以膝关节疼痛、僵硬 3 年，加重 1 天而就诊。查体膝关节肿胀、畸形、局部皮肤发红，浮髌试验阳性。X 线检查膝关节间隙狭窄，软骨下骨质硬化，髌骨关节面退变。此患者的护理措施下列哪项是错误的（　　）

A. 可做局部理疗和按摩
B. 可加用药物治疗
C. 卧床休息以缓解疼痛
D. 限制关节的活动
E. 可做不负重的活动

二、简答题

1. 老年人为什么容易发生骨质疏松症？
2. 老年骨质疏松症的临床特点。
3. 如何对老年人群进行健康教育？
4. 老年骨关节炎的临床特点。
5. 老年骨关节炎的健康教育。

三、案例分析题

（一）患者，女性，68 岁。诉关节疼痛 8 年余，以腰腿部为重，多于活动后出现，行走时感肢体乏力，休息后缓解。近半年来，双膝关节痛加重，行走不便，日常活动需依靠助行器。X 线示骨皮质变薄，骨小梁少，间隙增宽、骨结构模糊。骨密度低。

笔记栏

问题：

1. 你认为该患者目前患有什么疾病?

2. 患者目前存在哪些护理问题?请制定出相关护理措施。

3. 你如何向患者做健康指导?

（二）患者，女性，70 岁。关节疼痛史 10 年。近 2 天由于参加广场舞比赛活动强度过大，疼痛加重，呈持续性。入院检查初步诊断为骨性关节炎。

问题：

1. 患者目前存在哪些护理问题?

2. 请制定出相关护理措施。

【选择题参考答案】

1. D　　2. A　　3. E　　4. D　　5. E

（竹　琳）

笔记栏

项目八

泌尿生殖系统疾病的护理

学习目标

1. 熟悉泌尿生殖系统疾病的病因、护理评估、护理问题。
2. 掌握泌尿生殖系统疾病的护理措施。
3. 了解泌尿生殖系统疾病的治疗要点。
4. 能够根据病情选择合理的护理措施并正确实施。
5. 能够进行泌尿生殖系统疾病的健康教育。

泌尿系统由肾脏、输尿管、膀胱和尿道等器官组成。其主要功能为排泄。排泄是指机体代谢过程中所产生的各种不为机体所利用或者有害的物质向体外输送的生理过程。被排出的物质一部分是营养物质的代谢产物;另一部分是衰老的细胞破坏时所形成的废物。此外，排泄物中还包括一些随食物摄入的多余物质，如多余的水和无机盐，蛋白质等。肾脏是人体重要的生命器官，主要功能是生成尿液，以排泄代谢产物及调节水、电解质和酸碱代谢的平衡，维持机体内环境的稳定。此外，肾脏还具有重要的内分泌功能。泌尿系统的其余器官均为排尿管道。

老年人泌尿系统各器官（肾脏、输尿管、膀胱、尿道）都可发生疾病，并波及整个系统。泌尿系统的疾病既可由身体其他系统病变引起，又可影响其他系统甚至全身。其主要表现在泌尿系统本身，如排尿改变、尿的改变、肿块、疼痛等，但亦可表现在其他方面，如高血压、水肿、贫血等。近几十年来，慢性肾脏疾病的发病率逐年增长，目前全球肾脏疾病患者已超过 5 亿，成为继心脑血管疾病、恶性肿瘤、糖尿病之后又一个威胁人类健康的重要疾病。我国人群中慢性肾脏疾病的患病率为 11.8%～13.0%，患者数超过 1 亿。

老年人随着年龄的增长，泌尿生殖系统同样也发生了一系列衰老性的改变和功能退化。但是由于男性和女性、泌尿生殖系统解剖结构不同，因而受到的影响也存在差异。

笔记栏

知识链接

泌尿生殖系统老化

1. 膀胱 因为老化，膀胱肌肉萎缩，肌层变薄，膀胱壁呈慢性炎症性改变，少数有纤维化病变，使膀胱肌肉收缩无力，容量减少，易产生尿液外溢，残余尿量增加，尿频、排尿不畅，同时因为老年女性盆底肌肉松弛，易引起尿失禁。

2. 尿道男性多因前列腺病变（炎症、良性增大或新生物）而致压迫梗阻；女性则因长期缺乏雌性激素，外阴萎缩、黏膜变薄、出现裂纹，尿道口充血肥大，尿道黏膜出现褶皱或狭窄等而致梗阻。60 岁以上的老年人的尿道易纤维化，括约肌萎缩，使尿液流速减慢，排尿无力，导致残余尿量增多和尿失禁。

3. 输尿管 输尿管肌层变薄，纤维化，输尿管张力减弱，尿液进入膀胱的流速减慢，易产生反流而引起逆行感染。

4. 前列腺 通常在 40～60 岁前列腺外区出现退行性变，60 岁前后前列腺逐渐出现均匀的萎缩。老年人因为睾丸萎缩导致性激素分泌紊乱，出现前列腺增生，使尿流阻力增大引起尿路梗阻，同时也影响膀胱排空。

5. 肾体积缩小，肾皮质减少而使肾重量减轻，随着年龄增长，逐渐出现肾小球硬化，肾小管细胞脂肪变性，肾小球被透明物质代替，进而萎缩，同时有入球小动脉的萎缩，使肾小球滤过率有所下降，即肾脏排泄代谢废物的能力下降。肾内脂肪增加与间质内纤维增生，替代了部分肾实质。由于肾动脉硬化，肾血流量以每年 1%的速度下降。老年人肾小管长度、容积及肾小球表面积均有减少或变短，肾脏的浓缩和稀释功能均有所下降，肾脏调节人体水代谢平衡的功能下降。

6. 阴道 阴道萎缩、干燥，阴道 PH 由酸性转为碱性，局部抵抗力下降，易产生萎缩性阴道炎。

泌尿生殖系统疾病往往因疾病初期未及时诊治，加上老年人心理因素的影响，常不做泌尿生殖系统检查，而耽误诊断治疗的最佳时期，直接影响老年人的生存质量及身心健康。因此，做好老年人的自我保健及护理，加强健康教育，做好老年人泌尿生殖系统疾病的预防，延缓肾功能减退，对提高老年人生活质量有非常重要的意义。

任务一 前列腺增生症患者的护理

案例 8-1

笔记栏

患者，男性，70 岁。尿频、尿急、尿痛、尿不尽 10 余年，加重 1 年，排尿困难 1

天。患者入院前十年，无明显诱因出现尿频、尿急、尿痛、尿不尽，排尿不畅，夜尿增多每夜4～5次，遂就诊于当地医院进行相关检查。提示膀胱炎，给予头孢他啶、三金片治疗后症状无明显缓解。1年前自觉症状加重，夜尿次数增加，每晚7～10次，间断性出现急性尿潴留，并于当地医院行一次性导尿治疗，自服前列舒通治疗症状无明显缓解，入院前1天出现极度排尿困难，门诊以"前列腺增生"收住入院。体格检查：T36.4℃，P80次/分，R20次/分，BP140/76 mmHg。肛查：前列腺增大，左右距约4cm，上极可触及，中央沟存在。

问题：1. 患者当前主要的护理问题。

2. 针对护理问题提出相应的护理措施。

一、概述

良性前列腺增生（benign prostatic hyperplasia，BPH）简称前列腺增生，俗称前列腺肥大，是男性老年人常见病。临床统计表明，良性前列腺增生的发病率约为50%，80岁以上男性的发病率则高达80%。良性前列腺增生不仅严重影响了患者的生活质量，同时可由于前列腺组织增生出现尿道梗阻、排尿困难等临床症状，严重者甚至引起双侧肾衰竭。因此，及时治疗BPH，提高老年人生活质量已成为泌尿外科和老年医学中的研究热点和重要课题。

良性前列腺增生的病因尚未完全明确。目前公认老龄和有功能的睾丸是发病的基础。上皮和基质的相互影响，各种生长因子的作用，随年龄增长而出现的睾酮、双氢睾酮以及雌激素水平的改变和失去平衡是前列腺增生的重要因素。

近年来也注意到吸烟、肥胖及酗酒、家族史、人种及地理环境和BPH发生的关系。

二、护理评估

（一）健康史

了解老年人有无尿路梗阻病史；有无长期吸烟、饮酒史；平时的饮水习惯，是否有足够的液体摄入和尿量；是否有定时排尿和憋尿的习惯；近期有无因受凉、劳累、久坐、辛辣饮食、情绪变化、应用解痉药等而发生过尿潴留；有无腹股沟疝、痔等并发症；有无高血压、糖尿病或其他疾病病史。

（二）身体状况

1. 症状

（1）尿频：是最常见的早期症状，尤以夜间为甚。早期因前列腺充血刺激引起，随着梗阻加重残余尿量增多，膀胱有效容量减少，尿频更加明显。

（2）排尿困难：进行性排尿困难是前列腺增生最主要的症状，但发展缓慢。轻度梗阻时排尿迟缓、断续、尿后滴沥。严重梗阻时排尿费力、射程缩短、尿线细而无力，最终呈滴沥状。

（3）尿潴留：当梗阻达到一定程度时，残余尿量逐渐增多，可使膀胱逼尿肌功能受损，收缩力减弱，导致慢性尿潴留。气候变化、饮酒、劳累等诱因可导致前列腺充血、水肿加重，患者突然不能排尿而发生急性尿潴留。

（4）其他：前列腺增生时因局部充血可发生无痛性血尿。若并发感染或结石，有尿急、尿痛等膀胱刺激症状。少数患者在后期可出现肾积水和肾功能不全表现。长期排尿困难者可并发疝、痔或脱肛。

2. 体征　直肠指诊时可触及增大的前列腺，表面光滑、质韧、有弹性、中间沟消失或隆起，一般无压痛。

（三）心理社会状况

发病早期，由于症状不明显，老年人往往不重视，甚至有些老年人误认为这是老年男性的“正常现象”，随着病情的反复和发展，给患者生活带来很大的麻烦，甚至在心理上产生一定的负面影，如对病情的怀疑、恐惧、孤独悲观等，患者常表现出焦虑甚至悲观的心理。确诊并准备手术的患者由于对医院环境的陌生，在陌生人面前暴露自己的隐私，甚至对手术效果和手术后并发症的担心，都会给患者带来恐惧、紧张的情绪。护理人员应耐心做好老年人及家属工作，讲解有关疾病知识，使患者了解疾病的治疗方案，让患者树立起战胜疾病的信心。

（四）辅助检查

1. 血清前列腺特异抗原（PSA）测定　前列腺特异抗原检查是鉴别 BPH 和前列腺癌的重要指标。当前列腺体积较大、有结节或较硬时，应测定血清 PSA 以排除合并前列腺癌的可能。

2. 尿流动力学检查　尿流率测定可初步判断梗阻的程度，是客观排查排尿功能的良好方法：若最大尿流率＜15 ml/s，提示排尿不畅；＜10 ml/s 提示梗阻严重。还可根据尿动力仪测得数据分析前列腺症状和体征是因梗阻还是激惹所致，了解是否存在逼尿肌不稳定、逼尿肌功能受损和膀胱顺应性改变。

3. 膀胱残余尿量　常用方法有导尿法和超声法，正常成人残余尿量＜10ml，当残余尿量超过 50ml 时即为手术指征。

笔记栏

4. 影像学检查　B 超检查经济无创，可测量前列腺体积、内部组织结构是否突入膀胱，同时可测定膀胱残余尿量，了解泌尿系结石，有无上尿路感染等。

（五）治疗要点

前列腺增生未引起尿道梗阻者，一般不需特殊处理；梗阻较轻，症状不明显或不能耐受手术者可采用非手术治疗；当尿路梗阻严重、残余尿量超过 50ml、症状明显而药物治疗效果不好或曾经出现过急性尿潴留者，可采取手术治疗。

1. 随访观察　许多 BPH 的症状在相当长的时间内很少发展。因此，症状比较轻的老年人若无绝对手术指征可门诊随访，定期复查，每年至少一次。如症状加重，再采用其他处理方法。

2. 药物治疗　适用于有轻度临床症状、残余尿＜50ml 的老年人。目前常用的药物有三大类：①α 受体阻滞药或 α_1 受体阻滞药，如特拉唑嗪、坦索罗辛、阿夫唑嗪；②5α 还原酶抑制药，目前常用的是非那雄胺（非那甾胺）；③植物类药物。

3. 手术治疗　症状重的患者，手术治疗仍是最佳选择。常用的手术方法有经尿道前列腺切除术（TURP）、开放性前列腺切除术、永久性膀胱造瘘术等。目前还有采用经尿道前列腺电气化术（TUVP），其最大的优点是出血少，恢复快。

4. 其他疗法　用于尿道梗阻较重而又不适宜手术者。如记忆合金网状支架，经尿道热疗（如射频、微波等），经尿道球囊扩张术，超声聚焦、激光等。

三、主要护理问题/医护合作性问题

1. 焦虑　与反复排尿困难、出现并发症及手术等有关。

2. 排尿障碍　与尿路梗阻、逼尿肌损害等有关。

3. 有感染的危险　与尿路梗阻或留置各种引流管有关。

4. 潜在并发症　术后出血、TUR 综合征。

四、护理措施

1. 一般护理

（1）环境：病房环境保持清洁、整齐、安静和舒适，并适当限制探视。走道应保持通畅、光线充足。尤其在夜间应留一盏壁灯照明。

（2）饮食：嘱老年患者进食易消化、高营养食物，辅以粗纤维食品以防便秘。忌饮酒及辛辣食物。许多老年患者由于尿频、尿急等症状特别突出，企图通过控制自己日常的饮水量来减少排尿的次数，护士应告诉患者饮水过少会导致尿路感染和尿路结石的危

笔记栏

险性增加，鼓励患者少量多次饮水。

（3）休息与活动：患 BPH 的老年人因尿频、尿急等症状明显，需要经常去厕所。护士应告诉患者慢行，避免摔倒发生意外。

2. 病情观察 急性前列腺炎经一般对症处理及抗感染治疗后，如症状不见好转或反而加重，注意前列腺脓肿的形成，及时治疗。行前列腺手术的老年患者，术后应注意患者意识和生命体征、重要器官功能状况、呼吸及泌尿等系统的感染征象、各引流管的引流情况。对经尿道前列腺切除术（TURP）者，术后 24h 内，应注意观察有无心慌、气急、恶心、呕吐，甚至抽搐等 TUR 综合征表现。发现异常及时报告医生，并配合处理。

3. 用药护理 遵医嘱给老年患者服用特拉唑嗪、阿呋唑嗪等 α_1 受体阻滞药，以降低前列腺基质平滑肌的张力，减少尿道阻力；服用 5α-还原酶抑制剂（如非那雄胺）以降低前列腺内双氢睾酮含量，使前列腺缩小，改善排尿功能。

前列腺增生的老年人容易发生尿路感染，而使用抗菌药物时应特别注意肾功能。由于老年人肾功能减退，那些需要经由肾脏原形排出或本身对肾脏有毒性的抗菌药物易在老年人体内蓄积引起中毒，加重对肾脏的损害。特别是氨基糖苷类抗生素，如庆大霉素、卡那霉素等药物的半期可延长 1 倍以上，因而老年人应用时应在医生指导下相应减少剂量或延长用药间隔时间，必要时进行血药浓度监测。氟喹诺酮类药物应避免与吲哚美辛（消炎痛）、阿司匹林等非甾体类消炎镇痛药同用，因为该类药物能明显增强氟喹诺酮类药物对 γ 氨基丁酸的抑制作用，增强中枢兴奋性，从而诱发癫痫和精神症状。

4. 功能恢复 BPH 患者应经常用温水坐浴，以改善前列腺的血液循环，减轻水肿。水温以可耐受的热度为宜，每日 1～2 次，每次 10～20 分钟，可随时添加热水调节水温。坐浴时要放松肛门括约肌，并配合用手指在水中按压肛门及肛门周围的会阴部，起到局部按摩作用。在坐浴过程中，应注意有无眩晕、心慌等症状，如发现异常应立刻停止。除此之外，还可进行前列腺的按摩，前列腺的体表部位约在肛门与尿道根部之间，可间歇用力深压，以局部出现酸麻感为宜。按摩每日 1～2 次，在临睡前进行。

5. 对症护理 指导尿频、排尿迟缓的老人进行膀胱功能再训练或重建条件反射。不憋尿，定期彻底排空膀胱，防止膀胱过度充盈，影响逼尿肌功能，造成尿潴留。

6. 并发症护理 对于急性尿潴留的老年人，应及时配合医生施行导尿或行耻骨上膀胱造瘘术。尿管或造瘘管保留期间，常规做好相应护理工作。

7. 心理护理 由于疾病给老年患者生活带来很大的麻烦，甚至在在心理上产生一定的负面情绪，如对病情的怀疑、恐惧、孤独悲观等，老年患者常表现出焦虑甚至悲观的心理。确诊并且准备手术的老年患者由于对医院环境的陌生，在陌生人面前暴露自己

笔记栏

的隐私，甚至对手术效果和手术后并发症的担心，都会产生恐惧紧张的情绪。护理人员应耐心做好老年患者及家属的工作，讲解有关疾病知识，使老年患者了解疾病的治疗方案，树立起战胜疾病的信心。

五、健康教育

1. 预防指导 告诉老年患者BPH虽然是老年人的常见病，但一定要引起足够的重视。如果不进行积极的治疗，除了带来一系列并发症，如尿路结石、尿路感染外，还可能引起输尿管和肾脏积水，导致慢性肾衰竭，甚至危及生命。保持心情舒畅，避免情绪紧张和过度劳累，适度参加体育锻炼；饮食应以清淡、易消化食物为主，多吃瓜果蔬菜，少食辛辣刺激食品，以防止便秘。

2. 知识宣教 向老年患者解释出现尿频、尿急、分段排尿、尿潴留等排尿形态改变的原因，让其了解积极的治疗可以减轻症状，延缓疾病发展。进行前列腺自我按摩，方法为：首先排空大小便，然后取侧卧位，患者右手示指带指套或乳胶手套，也可用避孕套代替，搽少量凡士林或石蜡油在指套上，操作时先在肛门周围按摩几下，然后将食指慢慢置入肛门，指腹向下，在其下方3～4cm处可扪及栗子大小的前列腺，中央有一浅沟。在前列腺两侧叶自外上方向内下方各按摩3～4次，再在中央沟从上向下依次按压3～4次，此时患者会有排尿感，并有乳白色液体自尿道流出，如无液体流出，但按摩后尿液混浊，亦同样有效，每周1次。

对于前列腺切除术后的老年患者使其认识到术后出现的尿失禁是一种正常现象，会持续一段时间才能恢复。指导患者在此期间每天坚持进行会阴部锻炼（提肛运动），以恢复尿道括约肌的控制力；术后6周内避免提重物、久坐、骑自行车等；带膀胱造瘘管和导尿管的老年患者，指导其正确进行引流管的护理，防止逆行感染。

关于BPH老年患者的性生活问题，应建议其根据自身的年龄、病情、身体健康状况等，以满足生理功能需要为适宜。

3. 病情监测 指导老年患者对疾病的发展和治疗效果进行观察，并定期随访，教会老年患者注意观察是否存在尿路感染、血尿等其他排尿异常的表现，以便及时就诊、治疗。

任务二 老年性阴道炎患者的护理

案例 8-2

患者，女性，66岁。外阴瘙痒，白带增多，稀薄，伴有灼热感1天。既往体健。

笔记栏

体格检查：T36℃，P 87 次/分，R 17 次/分，BP 105/70mmHg。神志清楚，精神佳，体检配合，头部端正，甲状腺无肿大，胸部对称，心肺听诊无异常，妇科检查，外阴红，阴道壁萎缩，白带多，稀薄，呈黄色，宫颈萎缩。入院后给予白带常规检查，确诊后给予心理疏导，并给予局部药物塞阴治疗，指导药物使用方法及副作用，指导按时复查。

问题：1. 患者当前主要的护理问题。

2. 针对护理问题提出相应的护理措施。

一、概述

老年性阴道炎常见于绝经后的老年妇女，因卵巢功能衰退，雌激素水平降低，阴道壁萎缩，黏膜变薄，上皮细胞内糖原含量减少，阴道内 pH 上升，局部抵抗力降低，致病菌易入侵繁殖引起炎症。据统计，有 1/3 的妇女在绝经后罹患老年性阴道炎，亦称萎缩性阴道炎。患病妇女出现外阴瘙痒感和灼热感、阴道分泌物增加等诸多不适。不同程度地影响了老年妇女的健康，因此应采取措施积极治疗和预防。

1. 雌激素水下降 围绝经期女性卵巢功能衰退，导致雌激素水平降低，阴道内 pH 变化，局部抵抗力降低，致病菌容易入侵繁殖引起炎症。手术切除双侧卵巢、卵巢早衰、盆腔放疗后、长期闭经、长期哺乳等均可引起本病发生。

2. 营养缺乏 个人卫生习惯不良，营养缺乏，尤其是 B 族维生素缺乏，可能与发病有关。

3. 发病机制 因卵巢功能衰退，雌激素水平降低，阴道壁萎缩，黏膜变薄，上皮细胞内糖原含量减少，阴道内 pH 增高，呈碱性或接近中性，可使其他致病菌成为优势菌而发生感染。同时，由于阴道黏膜萎缩，上皮菲薄，血运不足，使阴道抵抗力降低，便于细菌侵入繁殖引起炎症病变。

二、护理评估

（一）健康史

评估老年患者的发病情况，询问患者阴道分泌物的情况：颜色、量、气味；外因是否有瘙痒或灼热感，是否治疗过；是否患有其他妇科疾病，阴道是否有创伤；个人的卫生习惯。

笔记栏

（二）身体状况

1. 症状

（1）白带增多：最常见的症状为白带增多，呈黄水样分泌物。感染严重时，分泌物可为脓性，有腥臭味。

（2）其他：老年患者自觉有阴道干燥、瘙痒及灼烧感，或肛门下坠感。感染还可侵犯尿道而出现尿频、尿急、尿痛等泌尿系统的刺激症状。

2. 体征

妇科检查可见阴道黏膜呈萎缩性改变，皱襞消失，上皮菲薄并变平滑，阴道黏膜充血，有小出血点，有时有表浅溃疡，溃疡面可与对侧粘连，检查时粘连可因分开而引起出血。粘连严重时造成阴道狭窄甚至闭锁，炎性分泌物引流不畅形成阴道积脓或宫腔积脓。

（三）心理社会状况

由于局部瘙痒不适使老年患者心理不稳定，久治不愈产生无助感，另外还担心阴道分泌物多及颜色不正常，怕说出来旁人取笑，因此难以启齿。

（四）辅助检查

1. 白带涂片检查　是诊断老年性阴道炎最直观的检查方法，简单易行。

2. 阴道细菌培养　结合药敏试验，有利于针对致病菌选用最敏感的抗生素治疗。

3. 阴道细胞学检查　对阴道有血性分泌物或少量不规则出血的患者，可用该检查排除子宫颈和子宫内的恶性肿瘤。必要时做宫颈活检和子宫内膜诊刮。

（五）治疗要点

治疗原则为补充雌激素，增强阴道抵抗力，抑制细菌生长。

1. 雌激素治疗　局部使用雌激素制剂有直接的治疗效果。结合雌激素（倍美力）软膏和己烯雌酚软膏局部使用时即有局部作用也有全身作用，每晚阴道用药 0.25～0.5mg。口服雌激素除治疗老年性阴道炎外，还有助于缓解更年期症状，对老年妇女的心血管及骨骼系统也有益处，但使用雌激素时，应首先排除雌激素禁忌证，如乳腺癌、子宫内膜癌等。口服雌激素类制剂尼尔雌醇 1～2mg，2 周 1 次，可长期服用。

2. 抗生素局部用药　外用药甲硝唑 200mg 或氧氟沙星 100mg，每晚 1 次阴道内用药。7～10 天为 1 个疗程。也可阴道内置各种栓剂，如复方克林霉素（氯洁霉素）、益康唑/莪术油/冰片（保妇康）、保菌清等。

笔记栏

3. 抹拭阴道 在阴道炎症分泌物较多时可考虑先用阴道抹拭去除过多的分泌物后再放药。在无以上有效药物可供使用时，为增加阴道酸度用 1%乳酸或 0.1%醋酸溶液冲洗阴道，或 1：5000 高锰酸钾溶液坐浴，1 次/d；无医疗条件者可用食醋 60ml 加入温开水中坐浴。但在有以上有效药物可供使用时，不提倡常规行阴道冲洗。

4. 营养支持 全身应加强营养，进食高蛋白食物，并投予维生素 A、维生素 B，有利于阴道溃疡愈合，炎症消退。

三、主要护理问题/医护合作性问题

1. 舒适的改变 与外阴瘙痒、白带增多有关。

2. 知识缺乏 缺乏围绝经期自我保健的知识。

3. 有感染的危险 与局部分泌物增多、黏膜受损有关。

四、护理措施

1. 一般护理

（1）环境：居室应注意定时通风换气，保持室内空气清新，调节适宜的温度、湿度。

（2）饮食：多食维生素丰富的食物，尤其是 B 族维生素（如枸杞、核桃仁、紫菜等）。早晚空腹时用凉开水送服 1～2 汤匙新鲜蜂王浆，并坚持每日喝一杯咸豆浆，或者吃一份豆制品，蜂王浆和大豆都含有丰富的天然雌激素。

（3）休息与活动：合理安排生活和休息，保证夜间有 6 小时左右的睡眠，午间休息 1 小时，劳逸适度，避免声、光、寒冷的刺激。

2. 病情观察 观察分泌物的量、颜色、气味及形状，同时要注意老年患者的心理状况。

3. 用药护理 老年性阴道炎患者常常采用阴道内局部用药，很多老年患者不知道正确的用药方式，护理人员应做好指导工作。告诉老年患者每晚在临睡前先洗净双手，用 1 %乳酸或醋酸溶液冲洗会阴，然后局部使用雌激素置于阴道深部以保证疗效。老年患者自已在阴道内涂抹药物有困难时，护理人员可指导家属协助完成。

4. 对症护理 保持外阴清洁、干燥，不用热水烫洗外阴或用手抓挠。少用肥皂或各种药液清洗外阴，老年妇女的外阴皮肤一般干燥、萎缩，是用刺激性抢的清洁用品清洗外阴会加重皮肤干燥，引起瘙痒。大便后要从前向后擦拭，以免粪便污染外阴，引起大肠杆菌感染。

5. 心理护理 老年性阴道炎是老年妇女的常见病，但是有相当一部分患者缺乏医学知识，并未意识到这是绝经后激素水平降低引起的疾病，出现症状后不好意思告诉别人，不愿意就诊，有的老年患者甚至采取一些不科学的方法进行处理，耽误了诊断和治疗。作为护理人员，应告诉老年患者发生阴道或泌尿道感染的原因是围绝经期激素水平下降造成的，不必惊慌和害羞，而应该及时就医，在医生指导下正确使用雌激素制剂和抗菌药物进行治疗。鼓励老年患者表达自己的不适，耐心倾听老年患者的主诉，并用和蔼的态度和主动周到的护理给其安慰。

五、健康教育

1. 预防指导　一般35岁以后的女性，在医师指导下，可以每年适当服用一定量的大豆异黄酮以补充雌激素，这样能有效预防各种更年期症状，对老年性阴道炎也有预防改善作用。由于老年妇女阴道黏膜薄，阴道内弹性差，因此，性生活时有可能损伤阴道黏膜及黏膜内的血管，使细菌侵入引起炎症。可在性生活前将阴道口涂少量四环素软膏或红霉素软膏。

2. 知识宣教　养成良好的个人习惯，可起到治疗和预防疾病发生的作用。①保持外阴清洁，每天更换内裤和用温水清洗外阴，使用专用盆和毛巾并定期消毒，预防感染的发生；②指导患者养成多饮水的习惯，起到冲洗尿路、减少细菌繁殖的作用。护理人员可指导老年患者将每日饮水总量按上午、下午、晚上的时间段进行合理安排；③采用淋浴，禁忌盆浴。

炎症时，遵医嘱可用1：5000的高锰酸钾溶液温水坐浴，干扰细菌的生长环境。但要注意高锰酸钾溶液稀释后的浓度不宜过高，防止损伤皮肤。患者坐浴时，先将消毒的坐浴盆放在高度适宜的矮凳上，盆内放温开水约1/2满，水温以自己能耐受为宜，时间为15～20分钟，中途可添加热水调节水温，同时叮嘱老年患者尤其是心脏功能较差者，若出现眩晕、心慌、乏力等症状应随时终止，坐浴完应慢慢站立，防止头晕摔倒。

引起老年性阴道炎的细菌多为大肠杆菌、葡萄球菌等杂菌，因此不要乱用治疗真菌或滴虫的药物，更不要把外阴阴道炎当作外阴湿疹而乱用激素药膏。

3. 病情监测　观察局部症状，如有出血、疼痛等病情变化，及时到医院就诊。对卵巢切除、卵巢功能早衰、盆腔放疗后的患者，在医师的指导下，使用雌激素替代疗法的治疗。

笔记栏

任务三 慢性肾衰竭患者的护理

案例 8-3

患者，男性，64 岁。主诉：双下肢水肿、多尿、夜尿增多 7 年，加重伴恶心、乏力、食欲缺乏 1 个月。现病史：7 年前无明显诱因逐渐出现多尿，以夜尿增多明显，5～6 次。伴乏力、气短、轻度贫血，确诊为糖尿病肾病。近 1 个月上述症状加重，伴恶心、食欲不振、腹泻稀便，每日 3 次，颜面及下肢浮肿。既往史：糖尿病 20 余年，糖尿病肾病 7 年，否认药物过敏史。体格检查：T 36.2℃，P 80 次/分，R 18 次/分，BP 130/80mmHg。神志清楚，发育正常，精神不振，面色萎黄，贫血貌，双肺呼吸音清，双肺未闻及干、湿啰音，心律齐，心率 80 次/分，腹软，无压痛、无反跳痛及肌紧张，肝脾未及，肠鸣音正常，移动性浊音阴性，颜面及双下肢水肿。实验室检查：肾功能（肾小球滤过率）18ml/min、血清肌酐 589μmol/L。尿常规：尿蛋白+++。血常规：RBC 1.5×10^{12}/L，HGB 62g/L。

问题：1. 患者当前主要的护理问题。

2. 针对护理问题提出相应的护理措施。

一、概述

慢性肾衰竭（chronic renal failure，CRF）又称慢性肾功能不全，是指各种原因造成的慢性进行性肾实质损害，致使肾脏明显萎缩，不能维持其基本功能，临床出现以代谢产物潴留，水、电解质、酸碱平衡失调，全身各系统受累为主要表现的临床综合征。从原发病起病到肾功能不全的开始，时间可为数年到十余年。慢性肾衰竭是老年泌尿系统疾病中常见病症之一。

（一）病因

1. 原发性肾脏疾病 各种原发性肾小球肾炎占首位，其次为泌尿系统先天畸形（如肾发育不良，先天性多囊肾，膀胱输尿管反流等）等。近年来，CRF 的原发病有所变化，肾间质小管损害引起的 CRF 也逐渐受到人们的重视。

2. 继发性疾病 糖尿病肾病，自身免疫性与结缔组织疾病肾损害，引起的 CRF 也有上升趋势。

3. 其他 梗阻性肾病、多囊肾、肾结核、泌尿道结石、各种药物和金属所致间质性肾炎等。

笔记栏

（二）发病机制

1. 慢性肾衰竭进行性恶化的发生机制　机制尚未完全明了，主要有以下几种学说：肾小球高滤过学说、矫枉失衡学说、肾小管高代谢学说、其他等。

2. 尿毒症各种症状的发生机制　尿毒症各种症状的发生与水电解质、酸碱平衡失调、尿毒症毒素、肾的内分泌功能障碍等有关。

（三）分期

我国将慢性肾功能不全分为4期。

第Ⅰ期（肾功能代偿期）：肾小球滤过率（GFR） 50～80ml/min，血清肌酐（Scr）133～177μmol/L。

第Ⅱ期（肾功能失代偿期）：GFR 25～50ml/min，Scr 186～442μmol/L。

第Ⅲ期（肾衰竭期）：GFR 10～25 ml/min，Scr 451～707μmol/L。

第Ⅳ期（尿毒症期）：GFR ＜10ml/min，Scr ≥707μmol/L。

二、护理评估

（一）健康史

询问老年患者的患病经过，包括首次起病有无明显的诱因，疾病类型、病程长短、病程中出现的主要症状。了解既往治疗及用药情况，包括曾用药物和种类、药物的疗效及不良反应等，有无高血压病或肾脏疾病家族史。了解老年患者目前主要不适及症状特点，有何伴随症状及并发症等。有无出现食欲减退、恶心、呕吐，有无头晕、乏力、胸闷、气促，有无皮肤瘙痒、有无鼻出血、牙龈出血、皮下出血，有无下肢水肿、少尿。

（二）身体状况

目前认为肾功能不全的症状与多种物质代谢失调有关。根据临床表现，常将其分为尿毒症前期（氮质血症期）和尿毒症期。

1. 尿毒症前期　患者已有明显氮质潴留，临床上除了原发疾病的表现外，常有代偿性多尿、夜尿现象，并有乏力、头痛、食欲缺乏等症状。

2. 尿毒症期　其临床表现根据发病机制可分为两大类。

（1）氮质代谢产物潴留的症状和体：

由于尿素、胍类、酚类、甲基尿素等氮质代谢产物潴留，产生的症状和体征。

①一般表现：面色苍白、晦暗、消瘦，呈营养不良状态。

②皮肤：皮肤瘙痒是慢性肾衰竭最常见症状之一。皮肤干燥伴有脱屑。尿毒症患者

笔记栏

因贫血出现面色苍白或色素沉着呈黄褐色，为尿毒症患者特征性面容。

③精神神经系统：早期有疲乏、头痛、记忆力减退、严重失眠、烦躁不安、感觉障碍、双足及小腿灼痛、有时肌肉痉挛；晚期精神恍惚、表情淡漠、嗜睡、惊厥，甚至昏迷；瞳孔常缩小，但在并发颅内压增高或临终前则多散大。

④消化系统：早期以口干、厌食及便秘为多见，以后出现恶心、呕吐。由于尿素在肠道及口腔被细菌等分解为碳酸铵和氨的刺激而引起舌炎、口炎、腹痛、腹泻及呃逆等症状。

⑤心血管系统：可出现高血压、心律失常、冠心病、心肌病、心功能不全等表现。心力衰竭是慢性肾衰竭常见的死亡原因。

⑥血液系统：早期即可出现贫血，随病情进展而逐渐加重。晚期常有鼻出血、皮肤瘀斑及胃肠道出血等症状。

⑦呼吸系统：患者呼气有氨味。酸中毒时呼吸深而长。由于尿素等代谢产物的潴留可引起尿毒性支气管炎、肺炎和胸膜炎，而产生相应的临床症状和体征。

⑧运动系统：尿毒症晚期有肌病，表现为严重肌无力，以近心端肌肉受累为常见。可有举臂或起立困难，企鹅样步态等表现。

⑨免疫系统:大多数尿毒症患者外周血淋巴细胞数减少,体外淋巴细胞对各种刺激，例如自主神经激素反应下降。多种淋巴细胞亚型分布和功能变化，B 淋巴细胞系统对刺激反应差，常有免疫球蛋白产生不足等。所以患者机体抵抗力降低，易并发肺部、泌尿系统感染。感染是慢性肾衰竭主要死因之一。

（2）水、电解质及酸碱平衡失调的症状和体征

①水代谢紊乱:由于代偿性利尿或呕吐、腹泻等常引起失水，严重时肾血流量减少，肾小球滤过率降低而尿量减少，甚至尿闭。这时可加剧氮质潴留而使尿毒症恶化。

②钠、氯代谢紊乱：患者由于呕吐、腹泻、进低盐饮食及肾小管对钠重吸收减少等均可引起血钠降低。钠的丢失常伴有氯的丧失，因此出现低钠、低氯血症。表现疲乏、厌食、恶心、呕吐、表情淡漠、惊厥、昏迷等。

③钾代谢紊乱：多尿期可发生低血钾症，有呕吐、腹泻或钾摄入不足时更易发生。疾病的晚期，由于组织破坏释放的钾进入血液；酸中毒时，钾离子自细胞内向细胞外转移以及少尿时肾排钾功能减退等，常导致高血钾症。

④钙、磷、镁代谢紊乱：肾功能不全时尿磷排出减少，使血磷升高。

⑤代谢性酸中毒：肾功能不全时，由于酸性代谢产物及氢离子不易排出体外，肾小管上皮细胞泌氨减少，钠和碳酸氢根离子重吸收障碍，因而引起代谢性酸中毒。

笔记栏

（三）心理社会状况

评估老年患者有无自卑、伤心、沮丧、愤怒及焦虑、无助、抑郁、社交隔离、自我概念紊乱，甚至绝望的心理状况。评估老年患者的社会支持来源于哪些方面，如家庭成员、亲属、社会关系中的朋友、邻居、同事以及医护人员等，最重要的是家庭成员对患者的理解和支持的程度。

（四）辅助检查

1. **血常规**　红细胞计数下降，血红蛋白浓度降低，白细胞计数可升高或降低。

2. **尿常规**　夜尿增多，尿渗透压下降。尿沉渣检查中可见红细胞、白细胞、颗粒管型和蜡样管型。

3. **肾功能**　血肌酐、血尿素氮水平增高，内生肌酐清除率降低。

4. **血生化检查**　血浆清蛋白降低，血钙降低，血磷增高，血钾和血钠可增高或降低，可有代谢性酸中毒等。

5. **影像学检查**　B超、X线平片、CT等显示双肾缩小。

（五）治疗要点

慢性肾衰竭应重视原发疾病的治疗，积极防治各种加重慢性肾衰竭进展的危险因素，保护肾功能，减少并发症，并根据疾病分期所处的不同阶段，采取不同的防治策略。

治疗原发病和纠正加重慢性肾衰竭的因素

积极治疗引起慢性肾衰竭的原发疾病，如高血压、糖尿病肾病等，纠正某些可逆因素，如循环血量不足、水电解质和酸碱紊乱、感染、心力衰竭等，以延缓或防止肾功能减退。

2. **营养治疗**　饮食控制可以缓解尿毒症症状，延缓健存肾单位的破坏程度。应用必需氨基酸或α-酮酸可补充机体对必需氨基酸的需求，避免负氮平衡。

3. **药物治疗**　通过药物，控制高血压和肾小球内高压力。严格、有效控制血压是延缓慢性肾衰竭进展的重要措施之一。首选血管紧张素转化酶抑制药（ACEI）和血管紧张素Ⅱ受体拮抗药（ARB）。

4. **纠正水、电解质和酸碱平衡失调**

（1）水、钠平衡失调：水肿者应限制盐和水的摄入。

（2）高钾血症：尿毒症患者易发生高钾血症，最有效的方法为透析治疗。

（3）代谢性酸中毒：一般可通过口服碳酸氢钠每天3～6g纠正，严重者采用碳酸氢钠或乳酸钠静脉滴注。

笔记栏

（4）钙、磷代谢失调：若血磷高、血钙低时，应限制磷的摄入，应用磷结合剂；若血磷正常、血钙低、继发性甲状旁腺功能亢进明显者，给予骨化三醇口服。

5. 控制感染 治疗时，应结合细菌培养和药物敏感试验及时使用无肾毒性或毒性低的抗生素治疗。

6. 对症治疗

（1）清除尿毒症毒素：通过口服氧化淀粉、活性炭制剂、大黄制剂或甘露醇，可促进尿毒症毒素由肠道排出，缓解尿毒症症状，适用于未接受透析治疗的慢性肾衰竭患者。

（2）皮肤瘙痒：外用炉甘石洗剂或乳化油剂涂抹，口服抗组胺药、控制磷的摄入及强化透析对部分患者有效。

7. 替代治疗

（1）透析疗法：透析疗法可替代肾脏的排泄功能，但不能替代肾脏的内分泌和代谢功能尿毒症患者经药物治疗无效时，应及早行透析治疗。血液透析和腹膜透析各有优缺点，应综合考虑患者的情况选用。

（2）肾移植：是目前治疗终末期肾衰竭最有效的方法。成功的肾移植可使肾功能恢复正常，但排异反应可导致肾移植失败。

三、主要护理问题/医护合作性问题

1. 营养失调 低于机体需要量 与食欲减退、消化吸收功能紊乱、长期限制蛋白质摄入有关。

2. 潜在并发症 水、电解质、酸碱平衡失调。

3. 有皮肤完整性受损的危险 与皮肤水肿、瘙痒、凝血机制异常有关。

4. 活动无耐力 与并发高血压、心力衰竭、贫血等有关。

5. 有感染的危险 与机体免疫功能低下有关。

四、护理措施

1. 一般护理

（1）环境：居室空气清洁，经常开窗通风，但避免对流风。

（2）饮食：合理饮食，维持营养。提供整洁、舒适的进食环境，适当增加活动量，少量多餐，提供色、香、味俱全的食物，加强口腔护理，以增进食欲。强调合理饮食对治疗本病的重要性，指导患者严格遵从慢性肾衰竭的饮食原则，尤其是蛋白质和水钠限

笔记栏

制，强调保证足够热量供给的重要性，教会其选择适合自己病情的食物品种及数量。有高钾血症时，应限制钾含量高的食物。营养不良患者补充必需氨基酸。指导患者准确记录每天的尿量和体重，并根据病情合理控制水钠摄入，维持出入液量平衡。

（3）休息与活动：慢性肾衰竭患者应卧床休息，避免过度劳累。休息与活动的量视病情而定。

①病情较重或心力衰竭者，应绝对卧床休息，并提供安静的休息环境，协助患者做好各项生活护理。

②能起床活动的患者，则应鼓励其适当活动，如室内散步，在力所能及的情况下自理生活等，但应避免劳累和受凉，活动时要有人陪伴，以不出现心慌、气喘、疲乏为宜。一旦有不适症状，应暂停活动，卧床休息。

③贫血严重者应卧床休息，并告诉患者坐起、下床时动作宜缓慢，以免发生头晕。有出血倾向者活动时应注意安全，避免皮肤黏膜受损。

④长期卧床患者应指导或帮助其进行适当的床上活动，如屈伸肢体、按摩四肢肌肉等，指导其家属定时为患者进行被动的肢体活动，避免发生静脉血栓或肌肉萎缩。

2. 病情观察　监测生命体征、意识状态、尿量的变化。重点观察老年人和久病体弱者的病情变化。监测反映机体营养状况的指标是否改善，如血浆清蛋白。记录液体出入量、水、电解质、酸碱情况及肾功能变化情况。

3. 对症护理

（1）营养支持：要加强饮食护理，给予适量蛋白质，足够的热量，给予必需氨基酸，同时改善患者食欲，加强口腔护理。如出现水、电解质、酸碱平衡失调应积极进行纠正。

（2）皮肤的护理：避免皮肤过于干燥，应以温和的肥皂和沐浴液进行皮肤清洁，洗后涂上润肤剂，以避免皮肤瘙痒。指导患者修剪指甲，以防皮肤瘙痒时抓破皮肤，造成感染，按医嘱给予抗组胺药物和止痒剂，如炉甘石洗剂等。

（3）水肿的护理：如患者有水肿，应指导患者抬高水肿部位，且每 2 小时改变体位 1 次。

4. 用药护理　积极纠正患者的贫血，遵医嘱用促红细胞生成素，观察用药后反应，如头痛、高血压、癫痫发作等，定期查血红蛋白和血细胞比容等。遵医嘱用降压药、强心药等。合并感染者遵医嘱合理使用对肾无毒性或毒性低的抗菌药物，并观察药物的疗效和不良反应。

5. 并发症护理　可能的并发症包括上消化道大量出血、心力衰竭、肾性骨病、尿毒症肺炎等。严密观察病情变化，出现上述并发症及时就医，遵医嘱治疗，加强护理。

笔记栏

6. **心理护理** 慢性肾衰竭的患者预后不佳，治疗费用又较昂贵，尤其是需要进行长期透析或做肾移植手术时，老年患者及其家属心理压力较大，会出现各种情绪反应，如抑郁、恐惧、绝望等。护理人员应细心观察以便及时了解老年患者及其家属的心理变化。评估老年患者的社会支持情况，包括家庭经济情况、家庭成员对该病的认识及态度、患者的家庭所能提供的支持等。

五、健康教育

1. **预防指导** 早期发现和积极治疗各种可能导致肾损害的疾病，如高血压、糖尿病等。高血脂、肥胖、有肾脏疾病家族史是慢性肾脏病的高危因素，此类老年人应定期检查肾功能。已有肾脏基础病变者，注意避免加速肾脏功能减退的各种因素。

2. **知识宣教** 向老年患者及家属讲解慢性肾衰竭的基本知识，让其理解本病虽然预后较差，但只要坚持积极治疗，消除或避免加重病情的各种因素，可以延缓病情进展，提高生存质量。

指导患者严格遵从慢性肾衰竭的饮食原则，强调合理饮食对治疗本病的重要性。教会老年患者在保证足够热量供给、限制蛋白质摄入的前提下，选择适合自己病情的食物品种及数量。

3. **病情监测** ①指导患者准确记录每天的尿量和体重。②指导患者掌握自我检测血压的方法，每天定时测量。③监测体温变化。④定期复查血常规、肾功能、血清电解质等。⑤及时就医的指征：如出现体重迅速增加超过2kg、水肿、血压显著增高、气促加剧或呼吸困难、发热、乏力或虚弱感加重、嗜睡或意识障碍时，需及时就诊。

实践项目

项目名称	操作流程	技术要求
尿潴留老人导尿	准备	人员准备：着装规范，洗手，戴口罩 物品准备：尿管、一次性导尿包、胶单、中单、别针、管道标识、无菌持物钳、按需备便盆 患者准备：解释、询问大便及需求 环境准备：室温适宜、关门窗、遮挡患者
	评估	1. 患者的年龄、性别、病情、导尿目的、意识状态、合作程度、心理状态、过敏史等 2. 有无膀胱、尿道、前列腺疾病，膀胱充盈、会阴部情况 3. 患者/家属对导尿知识的 知晓程度
	实施	女性患者 1. 协助取仰卧位，脱对侧裤腿，暴露会阴部 2. 垫橡胶单或治疗巾于臀下 3. 戴手套消毒外阴：阴阜、大阴唇、小阴唇、尿道口及肛门 4. 打开导尿包，按需添加导尿管等物品 5. 戴无菌手套，铺洞巾

笔记栏

续表

项目名称	操作流程	技术要求
尿潴留老人导尿	实施	6. 检查尿管是否通畅，双腔气囊尿管插管前要检查气囊有无漏气 7. 分开小阴唇再次消毒：尿道口→左右小阴唇→尿道口 8. 插入尿道 4～6cm（成人），见尿后再插入 1～2cm。双腔气囊导尿管：见尿后再插入 7～10cm，向气囊注入等量的生理盐水。向外轻拉导尿管至遇阻力；普通导尿管用胶布固定 9. 将尿管与尿袋连接，开放尿道管 10. 脱手套，固定尿袋 11. 协助穿好裤子，取舒适卧位，清理用物 男性患者 1—2. 实施步骤同女性导尿 3. 消毒外阴：先阴阜、阴茎、阴囊，将方纱覆盖阴茎根部，提起阴茎，暴露冠状沟，从尿道口、龟头及冠状沟 4-6. 实施步骤同女性导尿 7. 再次消毒尿道口龟头及冠状沟 8. 提起阴茎与腹壁成 60°，持导尿管插入约 20～22cm（成人），见尿后再插入约 1～2cm 9-12. 实施步骤同女性导尿 观察与记录： 1. 尿液量、颜色、性质、导尿前后患者的情况 2. 导尿前患者的主诉，采取的诱导排尿方法及效果 3. 导尿过程是否顺利，异常情况的处理及效果

目 标 检 测

一、选择题

1. 患者，男性，60 岁。近来出现进行性排尿困难，尿后滴沥，其最可能的原因为（　　）

A. 前列腺癌　　B. 前列腺增生　　C. 尿道狭窄

D. 膀胱结石　　E. 输尿管结石

2. 下列哪一项是前列腺增生最早出现的症状（　　）

A. 尿线变细　　B. 尿频及夜尿次数增多　　C. 尿滴沥

D. 急性尿潴留　　E. 尿失禁

3. 老年性阴道炎常用的坐浴溶液是（　　）

A. 0.5%醋酸溶液　　B. 0.5%～1%乳酸溶液　　C. 1∶5000 高锰酸钾溶液

D. 2%～4%碳酸氢钠溶液　　E. 0.025%碘伏溶液

4. 慢性肾衰竭合理的饮食是（　　）

A. 高热量，低磷，优质蛋白，富于维生素的饮食

B. 低热量，低磷，高蛋白，富于维生素的饮食

C. 高热量，高磷，高蛋白，富于维生素的饮食

D. 高热量，高磷，低蛋白，富于维生素的饮食

E. 低热量，低磷，低蛋白，低维生素的饮食

笔记栏

5. 尿毒症最早和最常见的症状是（　　）

A. 消化系统症状　　B. 心血管系统症状　　C. 血液系统症状

D. 神经肌肉系统症状　　E. 内分泌系统症状

二、简答题

1. 前列腺增生的主要表现是什么?

2. 简述前列腺增生患者发生急性尿潴留的常见诱因。

3. 老年性阴道炎的病因。

4. 慢性肾衰竭的治疗要点有哪些?

5. 如何对慢性肾衰竭患者进行健康教育?

三、案例分析题

（一）患者，男性，70 岁。因“尿频、排尿困难”就诊。患者 8 年来一直尿频，夜尿 3～5 次，尿流变细，排尿无力，尿后滴沥等，近期症状逐渐加重，夜尿 7～10 次。遂来医院治疗。B 超显示：前列腺体积增大。医生决定经尿道前列腺电切除术，同时配合药物治疗。

问题：

1. 该患者目前存在哪些主要的护理问题?

2. 如何对该患者做好术后护理?

（二）患者，男性，73 岁。主诉：头痛、头晕 7 个月。高血压、尿蛋白 3 天而入院。患者 7 个月前自觉头痛、头晕、食欲缺乏，未予注意，未测血压，无尿频、尿急、尿痛，轻度的双下肢水肿和夜尿增多。3 天前到市医院检查 B 超显示为肾实质损害；尿常规：Pro：(+++)，潜血(+++)，BUN：19.7mmol/L，血清肌酐（Cr）：729μmol/L，尿酸：405μmol/L。为进一步诊治而入院。查体：血压：150/100mmHg，一般状态欠佳，贫血外观，双肺呼吸音清晰，心率：80 次/分，腹部平软，肝脾未及，双下肢轻度凹陷性水肿。实验室检查：血常规：血红蛋白降低，血小板正常。尿液检查：尿渗透压降低，尿沉渣检查有红细胞和管型。肾功能：血清肌酐清除率（Ccr15ml/min）；心电图：正常；胸片：正常。

问题：

1. 请问患者的临床诊断是什么?

2. 患者的主要护理诊断和主要护理措施有哪些?

【选择题参考答案】

1. B　　2. B　　3. C　　4. A　　5. A

（李　望　缪礼红）

笔记栏

项目九

精神障碍的护理

学习目标

1. 熟悉精神障碍疾病的病因、护理评估、护理问题。
2. 掌握精神障碍疾病的护理措施。
3. 了解精神障碍疾病的治疗要点。
4. 能够根据病情选择合理的护理措施并正确实施。
5. 能够进行老年精神障碍疾病患者的健康教育。

精神障碍又称精神疾病，是指在各种因素影响下，造成大脑功能失调，导致感知、思维、情感、意志行为和智力、自我意识等精神活动出现不同程度的障碍为临床表现的疾病。包括：

1. 轻型的精神障碍 指神经症，旧称神经官能症，是一组主要表现为焦虑、抑郁、恐惧、强迫、疑病症状、神经衰弱症状的轻型精神障碍。这类病症发病一般与不健康的个性、心理社会因素有关，躯体无器质性疾病，有完整或部分完整个性，有叫较好的自知力。是一种轻型的精神障碍。

2. 重型的精神障碍 包括器质性精神障碍、精神活性物质或非成瘾物质所致精神障碍、精神分裂症、心境障碍等。这种病症不仅表现为记忆、思维能力受损、情绪反应与行为失常，还常出现各种幻觉、妄想，与此同时，重型精神障碍患者自知力部分完整或完全丧失，失去生活自理能力和劳动能力，人格解体，社会功能丧失，无求治愿望。

知识链接

老年精神老化

1. 记忆　随着年龄的增加，老年人的神经系统发生退化，感觉器官的灵敏性逐渐下降，逐渐不能正常有效地接收信息；另一方面，因神经细胞的减少及其生理功能、生化功能的改变，老年人对各类信息的储存也会发生不同程度的障碍。这些生理性的变化

笔记栏

常会掩盖某些病理性症状，延误疾病的诊断和治疗。进入老年期，人们初级记忆能力和次级记忆能力的变化是不一样的。一般来说，对于刚刚看过或听过的、当时在脑子里留下印象的事物记忆较好；而对已经历过的事情，经过编码纯存在记忆仓库，在需要时加以提取的记忆能力交叉。因此，在老年人身上会发生“转身既忘”的现象。老年人的机械记忆能力较差，一般 40 岁开始减退，60 岁以后减退明显。

2. 思维　一般来说，思维随着增龄出现衰退较晚，与自己所熟悉专业有关的思维能力在年老时仍可很好保持。可能的原因是，与这部分思维相联系的脑功能在老年期仍被经常使用。但是老年人在概念学习、逻辑推理和问题解决方面的能力也有所减退，尤其是思维的敏捷度、灵活性、流畅性、变通性下降。记忆力功能的减退，对老年人的思维也会产生影响，表现在说话时不利落、话到嘴边说不出来或翻来覆去讲同样的话等。另有一些老年人会表现出联想的内容缺乏逻辑联系、讲话滔滔不绝等。

3. 人格　埃里克森认为，进入老年期后，人们主要解决自我整合与绝望之间的关系。这个时候，人们主要的工作已经差不多完成了，是回忆往事的时刻。如在前期的生活中对社会做出了贡献、生活充实而幸福，这种人会产生一种自我整合感，可以坦然面对死亡而不惧怕死亡。如果在前期的生活中没有完成自己的人生目标，实现自己的价值，则在回忆自己的过去时，会充满遗憾和绝望，他们对死亡没有做好充分的准备，不愿匆匆离开人间。此后，又有很多学者从社会适应的角度对老年人的人格提出过很多有见地的理论，如按照其社会适应情况分为：整合良好型、防御型、被动依赖型、整合不良型；或将其分为：成熟型、安乐型、装甲型、不服老型、自我厌恶型。

老年人由于有其自身的心身特点，老年精神障碍患者在症状表现、诊断、治疗、护理方面也有着与一般患者不同的特点，了解老年性精神障碍，并研究其防治具有特殊的意义。

任务一　抑郁患者的护理

案例 9-1

患者，女性，65 岁。高中文化，退休。退休后，与老伴独自生活，开始时不愿与外人接触。近 3 年出现情绪低落，失眠，整日愁眉苦脸，食欲减退，体重减轻，总感觉一无是处，高兴不起来，消极悲观，自罪自责，活着是受罪，死了一切都解脱。经常烦躁，坐卧不安，注意力不集中，记忆力减退，意志活动减退，生活懒散，不洗漱，怕见人，求治愿望强烈，定向力、自知力完整。未发现错觉、幻觉及感觉综合障碍。患者既往体健，年轻时性格外向，但胆小怕事，无主见，做事谨小慎微，追求完美，诊断为抑

笔记栏

郁状态，并住院接受治疗，入院后给予奥氮平、瑞美隆及 MECT 治疗，抑郁症状完全缓解。

问题： 1. 患者当前主要的护理问题。

2. 针对护理问题提出相应的护理措施。

一、概述

抑郁症（depression）又称抑郁障碍，以显著而持久的心境低落为主要临床特征，是心境障碍的主要类型。临床可见心境低落与其处境不相称，情绪的消沉可以从闷闷不乐到悲痛欲绝，自卑抑郁，甚至悲观厌世，可有自杀企图或行为；甚至发生木僵；部分病例有明显的焦虑和运动性激越；严重者可出现幻觉、妄想等精神病性症状。每次发作持续至少 2 周以上、长者甚或数年，多数病例有反复发作的倾向，每次发作大多数可以缓解，部分可有残留症状或转为慢性。

老年期抑郁症（depression in the elderly）泛指存在于老年期（≥60 岁）这一特定人群的抑郁症，包括原发性抑郁（含青年或成年期发病，老年期复发）和见于老年期的各种继发性抑郁。严格而狭义的老年期抑郁症是指首次发病于 60 岁以后，以持久的抑郁心境为主要临床特征的一种精神障碍。老年期抑郁症的临床症状多样化且不典型，主要表现为情绪低落、焦虑、反应迟滞和躯体不适等，常以躯体不适的主诉就诊，且不能归于躯体疾病和脑器质性病变。

抑郁症是老年人最常见的精神疾病之一。国外 65 岁以上老年人抑郁症患病率在社区约为 7%～10%，在老年护理机构约为 30%～50%。我国老年人抑郁症患病率为 7%～10%。抑郁症还因反复发作，使患者丧失劳动能力和日常生活功能，导致精神残疾。相关研究发现，老年人的自杀和自杀企图有 50%以上继发于抑郁症。老年期抑郁症已构成全球性的重要精神卫生保健问题，被世界卫生组织列为各国的防治目标之一。

（一）病因

老年抑郁症病因复杂，多由生理、心理、社会因素交互作用引起。

1. 遗传因素　早年发病的抑郁症患者，具有明显的遗传倾向。

2. 生化异常　增龄引起中枢神经递质改变，如 5-羟色胺和去甲肾上腺素功能不足以及单胺氧化酶活性增高，影响情绪的调节。

3. 神经-内分泌功能失调　下丘脑-垂体-肾上腺皮质轴功能失调导致昼夜周期波动规律紊乱。

4. 躯体功能障碍或躯体疾病　多数患者具有数月的躯体症状，如头痛、头晕、乏

笔记栏

力、失眠、便秘等。有些患者则有高血压、冠心病、糖尿病等慢性疾病，或者有躯体功能障碍。

5. 心理社会因素 心理社会因素对老年抑郁症的发病有一定影响。

（二）发病机制

老年抑郁症病理改变在中枢神经系统。神经影像学测量可发现抑郁症患者脑颞叶皮层，特别是海马部位密度下降，神经元的树突减少和神经元坏死。

1. 中枢单胺类神经递质不足 神经元的树突减少和神经元坏死，导致中枢单胺类神经递质不足，特别是去甲肾上腺素和5-羟色胺的功能减低。

2. 神经内分泌异常 如下丘脑-垂体-肾上腺轴功能亢进和下丘脑-垂体-甲状腺轴功能不足。

二、护理评估

（一）健康史

多数老年患者具有数月的躯体症状，如头痛、头晕、乏力、全身部位不确定性和不适感、失眠、便秘等。有些老年患者患有慢性疾病，评估这些症状和疾病的发病时间，持续时间，程度等。

（二）身体状况

老年抑郁症患者的症状与青壮年患者的基本相似，有三大主要症状，即心境低落、思维迟缓和行为抑制的“三低症状”，但也有其特点。

1. 躯体症状较突出 老年人的抑郁症状常表现为各种模糊、易变的躯体症状，如腹胀腹痛、便秘乏力、食欲减退、睡眠障碍、恶心呕吐、头晕胸闷、胸部紧束感、身体麻木刺痛感等。老年患者对这些症状会做出疑病性解释，认为自己患了什么严重的疾病。体格检查及实验室检查往往无任何异常或即使有异常但不能解释患者的症状。但这又会加重老年患者的疑虑，认为自己可能患了不治之症，加重其抑郁情绪。

2. 焦虑情绪较常见 老年患者因年龄较大难以准确表达自己的症状，或因疑病行为易招人误解，或因难以忍受疾病的折磨等，常会出现焦虑、烦躁，表现为易激惹和敌意。情况严重者可出现激越状态，可终日坐卧不能、惶恐不安、搓手顿足、拒绝饮食，对这类老年患者应加强治疗和护理。

3. 常伴有妄想 老年患者常常纠缠于某一躯体主诉，渐渐发展为疑病观念，或转为妄想。常见的妄想形式有疑病妄想、罪恶妄想，也可出现关系妄想和被害妄想。这种

笔记栏

妄想往往与老年患者的抑郁严重程度联系在一起。

4. 自杀危险大 老年抑郁症自杀危险率比其他年龄组大得多。据报道老年人群中55%是在抑郁发病时自杀的，且自杀成功率较高，应予以特别注意和防范。

5. 可出现抑郁性“假性痴呆” 老年患者因思维迟缓、记忆力减退以及精神运动性迟滞，可出现较明显的认知功能损害症状，类似痴呆表现，即抑郁性假性痴呆。老年患者的这种“痴呆”表现随着抑郁症状的好转而好转。

（三）心理社会状况

了解老年期遭遇生活事件如退休、丧偶、独居、家庭纠纷、经济窘迫等影响老年抑郁症的产生和发展的因素。此外，具有神经质性格的人比较容易发生抑郁症。老年人的抑郁情绪还与消极的认知应对方式，如自责、回避、幻想等有关。老年抑郁症患病率一般女性高于男性，分居或丧偶者危险性相对较大。还需要评估患者的家庭及社会支持系统。

（四）辅助检查

1. 实验室检查 一般无阳性发现。

2. 标准化评定量表 可采用标准化评定量表对抑郁的严重程度进行评估，如老年抑郁量表（GDS）、流调中心用抑郁量表（CES-D）、汉密顿抑郁量表（HAMD）、Zung抑郁自评量表（SDS）、Beck抑郁问卷（BDI），其中GDS较常用。

（五）治疗要点

1. 药物治疗

（1）三环类及四环类抗抑郁药：丙米嗪（米帕明）、阿米替林和多塞平（多虑平）是临床上常用的的三环类抗抑郁药。其中丙米嗪适用于明显精神运动性迟滞患者，而阿米替林则适用于焦虑或睡眠障碍突出患者。此类药物主要用于发作期治疗，也可用于维持期治疗。临床用药应从小剂量开始，逐渐加量，一般1～2周内加至治疗量。

三环类药物的主要副作用有口干、便秘、视力模糊、排尿困难、体位性低血压、心动过速、心率改变。老年患者使用时应密切监护，患心脏疾病者不宜使用。

四环类药物如马普替林，该药起效较快，抗胆碱能和心血管副作用较轻，主要副作用有口干、嗜睡、视物模糊、皮疹、体重增加等，偶可有癫痫发作。

（2）单胺氧化酶抑制剂（ MAOIs）：主要有异丙肼、苯乙肼等，因副作用明显，目前已极少运用。新型单胺氧化酶抑制剂吗氯贝胺是一种可逆性、选择性单胺氧化酶A抑制剂，副作用明显减少。

笔记栏

（3）选择性 5-羟色胺胺再摄取抑制剂（SSRIs）：主要有氟西汀、帕罗西汀、舍曲林、氟伏沙明、西酞普兰。这类药物的主要特点是副作用较少，使用方便。

（4）其他药物：如曲唑酮、文拉法新、米塔扎平等。

2. 心理治疗 心理治疗非常重要，抗抑郁药合并心理治疗属于治标又治本的办法，疗效远远高于单用抗抑郁药或心理治疗。心理治疗可改善预后，有助于预防复发。

三、主要护理问题/医护合作性问题

1. 应对无效 与不能满足角色期望、无力解决问题、认为自己丧失工作能力成为废人、社会参与不足、对将来丧失信心、使用心理防卫机制不恰当有关。

2. 无望感 与消极的认知有关。

3. 睡眠形态紊乱 与精神困扰有关。

4. 有自杀的危险 与严重抑郁悲观情绪、自责自罪观念、有消极观念和自杀企图和无价值感有关。

四、护理措施

1. 一般护理

（1）环境：老年患者住处应光线明亮，空气流通、整洁舒适，墙壁以明快色为主，以利于调动老年患者积极良好的情绪，焕发对生活的热爱。

（2）饮食：饮食方面，既要注意营养成分的摄取，又要保持食物的清淡。多吃高蛋白、富含维生素的食品，少吃糖类、淀粉食物。

（3）休息与活动：生活有规律，鼓励老年患者白天参加各种娱乐活动和适当的体育锻炼；晚上入睡前和热饮、热水泡脚或洗热水澡，避免看过于兴奋、激动的电视节目。为老年患者创造安静舒适的入睡环境，保证充足睡眠。

2. 病情观察 评估患者的自杀危险，如患者的兴趣是否恢复、家人是否提供足够的支持、病程的长短等，对有自杀可能性的患者，应会同其家人，安排专人看护，及时采取可能措施，消除患者周围不安全因素。同时加强与患者的沟通，了解其需要，给予其帮助。有时患者为了实施自己的自杀计划，可能会伪装病情好转以逃避护理人员的注意，护理时应予注意。

3. 安全的护理

（1）识别自杀动向：应与老年患者建立良好的治疗性人际关系，在于患者的接触中，应能识别自杀动向，如在近期内曾经有过自我伤害或自杀未遂的行为，或焦虑不安、失

笔记栏

眠、沉默少语，或抑郁情绪突然"好转"，应给予心理上的支持，使他们振作起来，避免意外发生。

（2）专人守护：对于有强烈自杀企图的老年患者要专人 24 小时看护，不离视线，必要时经解释后给予约束，以防意外。

（3）加强对工具及药物管理：自杀多发生于一刹那间，凡能成为患者自伤的工具都应管理起来。妥善保管好药物，以免老年患者一次性大量吞服，造成急性药物中毒。

4. 用药护理

（1）密切观察药物疗效和可能出现的不良反应，及时向医生反映。

（2）坚持服药：因抑郁症治疗用药时间长，有些药物有不良反应，老年患者往往对治疗信心不足或不愿治疗，可表现为拒药、藏药或随意增减药物。要耐心说服老年患者严格遵医嘱服药，不可随意增减药物，更不可因药物不良反应而中途停服。

5. 心理护理

（1）阻断负向的思考：抑郁老年患者常会不自觉地对自己或事情保持负向的看法，护理人员应该协助其确认这些负向的想法并加以取代和减少。还可以帮助老年患者回顾自己的优点、长处、成就来增加正向的看法。

（2）协助老年患者抒发自己的想法：严重抑郁患者思维过程缓慢，思维量减少，甚至有虚无罪恶妄想。在接触语言反应很少的老年患者时应以耐心、缓慢以及非语言的方式表达对患者的关心与支持，通过这些活动逐渐引导患者注意外界，同时利用治疗性的沟通技巧，协助老年患者表述其看法。

（3）怀旧治疗：怀旧治疗是通过引导老年人回顾以往的生活，重新体验过去的生活片段，并给予新的诠释，协助老年人了解自我，减轻失落感，增加自尊及增进社会化的治疗过程。怀旧治疗作为一种心理社会治疗手段在国外已经被普遍应用于老年抑郁症、焦虑及老年性痴呆的干预，在我国部分地区也得到初步运用，其价值已经得到肯定。

（4）学习新的应对技巧：为老年患者创造和利用各种个人或团体人际接触的机会，以协助老年患者改善处理问题、人际互动的方式、增强社交的技巧。并教会患者亲友识别和鼓励患者的适应性行为，忽视不适应行为，从而改变老年患者的应对方式。

五、健康教育

1. 预防指导　老年人要面对现实，合理安排生活，多与社会保持密切联系，常动脑，不间断学习；并参加一定限度的力所能及的劳作；按照自己的志趣培养爱好，如种花、钓鱼、书法、摄影、下棋、集邮等。

笔记栏

2. 知识宣教 社区和老年护理机构等应创造条件让老年人进行相互交往和参加一些集体活动，针对老年抑郁症的预防和心理健康等开展讲座，有条件的地区可设立网络和电话热线进行心理健康教育和心理指导。社区和老年护理机构等应创造条件让老年人进行相互交往和参加一些集体活动，针对老年抑郁症的预防和心理健康等开展讲座，有条件的地区可设立网络和电话热线进行心理健康教育和心理指导。

及时了解患者的想法，避免自杀行为的发生。如能采用家庭治疗方法，使患者亲属介入，可能收到更好的效果。

3. 病情观察 抑郁症多数病例有反复发作的倾向，需要长期治疗，预防复发。在急性期时，首要的是采取有力的综合措施，如住院治疗，尽早地减轻患者的痛苦，缓解症状，控制发作；在急性发作期控制症状达到康复后，应长程治疗，包括防止复燃、预防复发、改善预后。

任务二 老年谵妄患者的护理

案例 9-2

患者，男性，87 岁。患有老年痴呆症，无明显原因夜间胡言乱语，夜半尤甚，惊醒家人睡眠，家人劝说不见效果。诉说些已经是死去之人的事情，要不就是死去之人和他同卧一室，或诉说有人偷他东西，总之不可理喻。天亮神智即恢复正常。

问题：1. 患者当前主要的护理问题。

2. 针对护理问题提出相应的护理措施。

一、概述

谵妄（delirium）是一种急性发作的脑病综合征，是意识障碍的一种。它不仅有意识清晰度水平的降低，还伴有注意力、知觉、思维、记忆、精神运动行为、情绪及睡眠-觉醒周期的紊乱。谵妄症状多变而复杂，波动性较大，持续时间长短与原发病有密切关系，可见于各种躯体疾病。特别是因为躯体疾病而在综合医院住院的老年患者。住院期间谵妄的发生率最高，是老年住院患者常见的并发症。

（一）病因

1. 易感因素 谵妄的发生往往先具有一定的易感因素，例如年老、认知障碍（如痴呆）、躯体情况差（如心衰、癌症、脑血管病）、抑郁症、视听障碍、营养不良、水电解质失衡、药物/酒依赖等。在有一种或多种易感因素存在的情况下，大脑功能被削弱。

笔记栏

2. 促发因素　这时，影响大脑内环境，导致脑内神经递质、神经内分泌和神经免疫损害的急性变化都成为促发因素。有时环境变化也会促发谵妄，比如更换住所或照料者的改变。

3. 其他因素　有些疾病并非发生在大脑，但却能影响大脑功能，也可以引起谵妄，例如肺炎、肾炎。谵妄的发生可由易感因素与促发因素共同作用引起。

（二）发病机制

目前对谵妄的发病机制还了解得不多。

1. 脑氧化代谢降低　谵妄患者的认知障碍和同时出现的脑电波慢活动是由于普遍的脑氧化代谢降低所致。任何疾病或有毒物质，只要能降低与脑代谢活动有关物质的供给、摄取和利用者，均可引起谵妄。

2. 胆碱缺乏　脑氧化代谢率的降低，可导致乙酰胆碱合成的减少，胆碱缺乏构成了代谢-中毒性脑病特征性表现之一，即谵妄。

二、护理评估

（一）健康史

了解老年人发病的时间、程度；有无躯体疾病或其他易感因素导致谵妄；是否服用易产生精神症状的药物等；是否有物质依赖。

（二）身体状况

通常急性或亚急性起病，症状日夜变化大，通常持续数小时或数天，典型的谵妄通常 10～12 天可基本恢复，但如果引起谵妄的易感因素与促发因素没有改变，也可达 30 天以上或转为慢性谵妄。

有些患者在发病前可表现有前驱症状，如坐立不安、焦虑、激越行为、注意涣散和睡眠障碍等。前驱期持续 1～3 天。

1. 特征症状

（1）意识障碍：神志恍惚，注意力不能集中以及对周围环境与事物的觉察清晰度的降低等。意识障碍有明显的昼夜节律变化，表现为昼轻夜重。患者白天交谈时可对答如流，晚上却出现意识浑浊。

（2）定向障碍：包括时间和地点的定向障碍，严重者会出现人物定向障碍。

（3）记忆障碍：以即刻记忆和近记忆障碍最明显，患者尤对新近事件难以识记。

（4）睡眠-觉醒周期不规律：可表现为白天嗜睡而晚上活跃。好转后患者对谵妄时

笔记栏

的表现或发生的事大都遗忘。

2. 常见症状

（1）感知障碍：尤其常见，包括感觉过敏、错觉和幻觉。患者对声光特别敏感。错觉和幻觉则以视错觉和视幻觉较常见，患者可因错觉和幻觉产生继发性的片段妄想、冲动行为。

（2）情绪紊乱：包括恐怖、焦虑、抑郁、愤怒甚至欣快等。

（三）心理社会状况

评估老年人经济在退休后经济水平、社会系统情况，当收入下降、社会地位下降等内心不平衡的基础上，容易产生防御心理，加之丧偶、独居、死亡恐惧等很容易发生谵妄。

（四）辅助检查

1. 实验室检查 包括血常规、血糖、肝功能、肾功能、血氨、血气分析、尿液分析、尿中药物筛选等。

2. 系列性 EEGS 追踪观察 可见谵妄伴有 EEGs 实质上的改变。脑波节律的结构破坏及普遍变慢是最常见的改变。节律减慢的程度与谵妄的程度相关。

3. 影像学检查 包括胸片、CT、MRI 等。

（五）治疗要点

对于谵妄的治疗主要包括病因治疗、支持治疗和对症治疗。

1. 病因治疗 是指针对原发脑部器质性疾病或躯体疾病的治疗，这是最重要的治疗环节，但由于病因往往难以明确或不容易解决，病因治疗即变得困难。

2. 支持治疗 一般包括维持水电解质平衡，适当补充营养。在整个患者精神状态改变期间，建议适当的环境控制以给患者充分的支持。应当给予患者强烈的白天或黑夜的线索提示。在白天，应当保持灯亮着，并营造一个活动的环境；在晚上，灯光应暗淡一些，居室应安静柔和。

3. 对症治疗 是指针对患者的精神症状给予精神药物治疗。为避免药物加深意识障碍，应尽量给予小剂量的短期治疗。抗精神病药如氟哌啶醇，因其嗜睡、低血压等副作用较轻，可首先考虑。其他新型抗精神病药物如利培酮、奥氮平、喹硫平也可以考虑使用。但所有的镇静类药物包括苯二氮䓬类药物，都宜慎用。因为这类药物会加重意识障碍，甚至是抑制呼吸，并加重认知损害。建议与患者家人充分沟通，告知药物风险。

笔记栏

三、主要护理问题/医护合作性问题

1. **睡眠形态紊乱**　与认知紊乱有关。
2. **自理缺陷**　与精神运动行为紊乱有关。
3. **语言沟通障碍**　与意识模糊有关。
4. **潜在性暴力行为**

四、护理措施

谵妄发生时，护理人员除了要和医生共同合作判断出谵妄发生的可能原因，针对这些原因进行治疗和护理外，还主要从以下几个方面做好谵妄患者的护理工作。

1. 一般护理

（1）环境：环境保持安静，空气 流通、温度适宜，床铺整洁，避免其他患者围观。工作人员说话轻声，避免在病房中交谈，避免重物撞击，一切护理操作均合理安排，最大可能减少刺激。

（2）饮食：保持营养，避免营养不良和脱水。按时按量督促患者进食，特别高热量、高蛋白、高维生素饮食，以保证营养供求平衡，对不能自行进食者，耐心予喂食。

（3）休息与活动：保持昼夜节律，确保充足睡眠。应鼓励可以下床活动的患者白天下床活动，在活动期间注意安全。白天尽量减少患者的睡眠时间，晚上再鼓励老年人入睡，帮助老年患者形成适当的睡眠-觉醒节律。夜晚灯光应柔和暗淡，防止黑暗给老年患者带来恐惧，同时注意不能用灯光直接照射患者；尽量在夜间协调和限制各种护理操作，减少对谵妄患者的夜间叫醒次数；减少噪声，最大限度地降低各种监护仪报警声和电话铃声等。使用这些措施以确保患者充足睡眠。促进大脑功能恢复。

2. 病情观察　密切观察，早期发现病情变化。及时纠正低血容及贫血，及时纠正低血氧状态；重点观察患者是否存在多语、幻觉及妄想等一系列典型谵妄早期的精神症状。

3. 对症护理

（1）加强患者的定向能力：住院患者在医院中容易失去导向的原因之一是他们没有如居家时那些正常的指示。在病房内使用易见的时钟和日历，在病房内白板上写明今天的日期和星期几，护士的名字，当天要做的检查和治疗等会有所帮助。另外，鼓励亲友探视，但探视时间应该分散开，避免探视人员过多和探视时间过长，以免老年人疲倦。

（2）确保感觉输入：缺乏感知觉的输入可能会导致老年患者发生谵妄。一方面要避免感觉剥夺，包括给老年人佩戴度数合适的眼镜、用放大镜，看适合的电视节目，戴助

笔记栏

听器，听喜欢的音乐和广播、新闻节目等；另一方面要避免感觉超负荷，如将光线控制到柔和状态，减少工作人员的噪音，如将手机设为静音等。

（3）激活认知能力：可以鼓励老年患者讨论时事，追忆往事，或指导家属带一些老年人日常熟悉的物品如家庭照片等，与患者共同回忆这些照片的情景。

4. 用药护理 当老年患者出现精神行为症状（如妄想或幻觉），可能危机自身安全或伤害他人时，可以酌情使用药物降低精神行为异常症状，尽量避免身体约束。由于控制谵妄的药物本身也可能引起谵妄或增加镇静作用，因此护理人员在给予谵妄患者药物治疗时要密切监测谵妄的程度有无加重表现。

5. 安全护理 评估患者的情况，创造一个安全的环境，以防患者跌倒或防患者受到伤害，如移去一些患者会拿来伤害自己的物质或设备。应用最少的受限干预措施可适当增加家属陪护。

以往对行为紊乱、躁动、激越的患者，往往采取约束措施，但近几年研究发现，约束所致的不能移动并不能减少徘徊的频率，反而增加恐惧和误解，导致更多的激越行为。尽量不要采取约束等手段，因为约束会加重患者焦虑。研究证明去除身体约束可以降低患者的激越行为。在对老年脑梗死患者谵妄进行护理，患者出现躁狂时，护士用自己的手握住患者的手，同时轻拍患者的肩部，或轻柔按摩背部。并轻声与之交谈，从而可减轻症状，防止意外。

6. 心理护理 识别并了解患者的焦虑状态，及时予以疏导，对发生谵妄且思维混乱的患者，反复给予讲解，促进他们的认知功能恢复，并给予一定的暗示。对其中产生幻觉的患者，用亲切的语言耐心解释，否定他们的幻听、幻视，并反复讲解目前的真实情况，用医护人员及亲人的关心，阻止幻觉的延伸。护士在患者情绪稳定的时候，呼唤患者的姓名，并告之所处环境、时间等信息，帮助恢复定向力。

五、健康教育

1. 预防指导 预防老年患者谵妄的发生是非常重要的。护理人员应针对谵妄产生的常见原因对老年患者进行动态评估，患者表现异常时应使用谵妄评定表进行谵妄症状的评定，及时发现异常，及早告知医生处置。

2. 知识宣教 为患者家属做健康宣教手册，手册概述谵妄是什么，其症状和成因，它描述了家庭重要性包括沟通要诀及指导家属带一些患者日常熟悉的物品如（家庭照片、日报）。对发生谵妄且思维混乱的患者，反复给予讲解，促进他们的认知功能恢复，并给予一定的暗示。

笔记栏

3. **病情监测**　谵妄病程波动性症状群朝轻暮重，加强观察病情的变化，发现异常及时配合医生治疗原发疾病，做好老年患者的基础护理工作。

实 践 项 目

项目名称	操作流程	技术要求
老年人抑郁情绪的评估	准备	人员准备：洗手 物品准备：汉密顿抑郁量表、老年抑郁量表 环境准备：整洁、舒适
	评估	1. 核对：床号、姓名 2. 说明评估老人情绪的目的及意义
	实施	1. 访谈与沟通　通过询问、观察，综合判断老年人有无抑郁情绪存在 2. 心理测验　可用于老年人抑郁评估的量表较多，其中流调中心用抑郁量表在社区人群健康调查中应用广泛，汉密顿抑郁量表、老年抑郁量表是临床上应用简便并且已被广泛接受的量表 （1）汉密顿抑郁量表：由 Hamilton 于 1960 年编制，是临床上评定抑郁状态时应用最普遍的量表 ①评定方法：所有问题均指被测者近几天或近一周的情况。大部分采用 0～4 分 5 级评分法。各级评分标准：0=无，1=轻度，2=中度，3=重度，4=极重度。少数项目采用 0～2 分的 3 级评分法，其评分标准：0=无，1=轻-中度，2=重度 ②结果解释：总分能较好地反映疾病的严重程度，即病情越重，总分越高。按照 Davis JM 的界限划分标准，总分超过 35 可能为严重抑郁；超过 20 可能是轻度或中度的抑郁；如小于 8 分，则无抑郁症状 （2）老年抑郁量表：由 Brink 等于 1982 年创制，是老年人专用的抑郁筛查量表 ①量表的结构和内容：该量表共 30 个条目，包含以下症状：情绪低落、活动减少、易激惹、退缩痛苦的想法，对过去、现在与将来的消极评分 ②评定方法：每个条目要求被测者回答“是”或“否”，其中第 1、5、7、9、15、19、21、27、29、30 条用反向计分。每项表示抑郁的回答得 1 分 ③结果解释：该表用于筛查老年抑郁症。用于一般筛查目的时建议采用：总分 0～10，正常；11～20，轻度抑郁；21～30，中重度抑郁 3. 抑郁可视化标尺技术　请被评估者在可视化标尺相应位点上表明其抑郁程度

目 标 检 测

一、选择题

1. 老年女性，65 岁。自入院以来，一直沉默寡言，闷闷不乐，有时偷偷流泪，情绪极度低落，这位老人的主要心理问题是（　　）

A. 焦虑　B. 抑郁　C. 恐惧　D. 孤独　E. 自卑

2. 谵妄状态的主要特征是（　　）

A. 意识障碍　B. 幻觉　C. 记忆减退　D. 错觉　E. 注意涣散

二、简答题

1. 老年抑郁症的症状。

2. 老年谵妄的治疗要点。

3. 如何对老年抑郁患者进行健康教育？

笔记栏

三、案例分析题

患者，男，62 岁。3 年前妻子去世，患者受到打击，提前退休在家。逐渐出现兴趣减退、不愿与人交往、脾气暴躁等症状。1 个月前，与儿子因生活琐事发生争吵，骂儿子："你是不是想让我死""我要死给你看"，后在邻居劝阻下没有做出过激举动。此后，老人家常向人询问"人死了之后会看到什么""能不能再和老太婆在一起""人要怎么走才舒服"等。

问题：

1. 该患者可能的诊断是什么？为什么？

2. 根据患者目前的状况，请列举相应的护理对策。

【选择题参考答案】

1. B　　2. A

（魏容容）

笔记栏

附　件

养老护理员国家职业标准（2011 年修订版）

1. 职业概况

1.1　职业名称

养老护理员。

1.2　职业定义

对老年人生活进行照料、护理的服务人员。

1.3　职业等级

本职业共设四个等级，初级（国家职业资格五级）、中级（国家职业资格四级）、高级（国家职业资格三级）、技师（国家职业资格二级）。

1.4　职业环境条件

室内，常温。

1.5　职业能力特征

具有一定的学习和计算能力，手指、手臂灵活，动作协调；表达能力与形体知觉较强；有空间感与色觉能力。

1.6　基本文化程度

初中毕业。

1.7　培训要求

1.7.1　培训期限

全日制职业学校教育，根据其培养目标和教学计划确定。晋级培训期限：初级不少于 180 标准学时；中级不少于 150 标准学时；高级不少于 120 标准学时；技师级不少于 90 标准学时。

1.7.2　培训教师

应具有本职业或相关专业较丰富的知识、实际操作经验和教学经验。培训初级养老护理员的教师应具有本职业高级职业资格证书；培训中级的教师应具有本职业技师职业

笔记栏

资格证书或相关专业中级及以上专业技术职务任职资格；培训高级养老护理员、技师的教师应具有本职业技师职业资格证书 3 年以上或相关专业高级专业技术职务任职资格。

1.7.3 培训场地设备

培训机构应具备标准教室及必要的养老护理服务教学教具设备的实习场所。培训场地卫生、光线和通风条件符合国家有关规定。

1.8 鉴定要求

1.8.1 适用对象

从事或准备从事本职业的人员。

1.8.2 申报条件

——初级（具备以下条件之一者）

（1）经本职业初级正规培训达规定标准学时数，并取得结业证书。

（2）在本职业连续见习工作 2 年以上。

（3）本职业学徒期满。

——中级（具备以下条件之一者）

（1）取得本职业初级职业资格证书后，连续从事本职业工作 3 年以上，经本职业中级正规培训达规定标准学时数，并取得结业证书。

（2）取得本职业初级职业资格证书后，连续从事本职业工作 5 年以上。

（3）连续从事本职业工作 7 年以上。

（4）取得经人力资源和社会保障行政部门、省级以上教育行政部门审核认定的、以中级技能为培养目标的中等以上职业学校本职业（专业）毕业证书。

——高级（具备以下条件之一者）

（1）取得本职业中级职业资格证书后，连续从事本职业工作 4 年以上，经本职业高级正规培训达规定标准学时数，并取得结业证书。

（2）取得本职业中级职业资格证书后，连续从事本职业工作 7 年以上。

（3）取得高级技工学校或经人力资源和社会保障行政部门、省级以上教育行政部门审核认定的、以高级技能为培养目标的高等职业学校本职业或者相关（专业）毕业证书，连续从事本职业工作 2 年以上。

（4）取得本职业中级职业资格证书的大专以上本专业或相关专业毕业生，连续从事本职业工作 2 年以上。

——技师（具备以下条件之一者）

（1）取得本职业高级职业资格证书后，连续从事本职业工作 5 年以上，经本职业技师正规培训达规定标准学时数，并取得结业证书。

笔记栏

（2）取得本职业高级职业资格证书后，连续从事本职业工作 8 年以上。

（3）取得本职业高级职业资格证书的高级技工学校本职业（专业）毕业生和大专以上本专业或相关专业的毕业生，连续从事本职业工作 2 年以上。

1.8.3　鉴定方式

分为理论知识考试和技能操作考核。理论知识考试采用闭卷笔试等方式，技能操作考核采用现场实际操作、模拟操作等方式。理论知识考试和技能操作考核均实行百分制，成绩皆达 60 分及以上者为合格。技师还须进行综合评审。

1.8.4　考评人员与考生配比

理论知识考试考评人员与考生配比为 1∶20，每个标准教室不少于 2 名考评人员；技能操作考核考评员与考生配比为 1∶15，且不少于 3 名考评人员。综合评审委员不少于 5 人。

1.8.5　鉴定时间

理论知识考试时间不少于 90 分钟；技能操作考核时间不少于 30 分钟；综合评审时间不少于 30 分钟。

1.8.6　鉴定场所设备

理论知识考试在标准教室进行，技能操作考核在有教学教具设备的实习场所进行。

2. 基本要求

2.1.1　职业道德基本知识

2.1.2　职业守则

（1）尊老敬老，以人为本。

（2）服务第一，爱岗敬业。

（3）遵章守法，自律奉献。

2.2　基础知识

2.2.1　老年人护理基础知识

（1）老年人生理、心理特点。

（2）老年人护理特点。

（3）老年人常见疾病护理知识。

（4）老年人饮食种类及营养需求。

（5）老年人一般情况观察方法。

（6）老年人护理记录方法。

（7）老年人基本救助方法。

（8）老年人常见冲突和压力处理方法。

笔记栏

2.2.2 相关法律、法规基础知识

（1）老年人权益保障法的相关知识。

（2）劳动法、劳动合同法的相关知识。

（3）消防法及其他相关法律、法规的有关知识。

（4）养老机构服务标准有关知识。

2.2.3 安全卫生、环境保护知识

（1）老年人安全防护规范及相关知识。

（2）老年人卫生防护知识。

（3）老年人环境保护知识。

（4）老年人居室整理及消毒隔离知识。

2.2.4 养老护理员职业工作须知、服务礼仪和个人防护知识

（1）养老护理员职业工作须知。

（2）养老护理员服务礼仪规范。

（3）养老护理员个人防护知识。

3. 工作要求

本标准对初级、中级、高级和技师的技能要求依次递进，高级别包括低级别的要求。

3.1 初级

职业功能	工作内容	技能要求	相关知识
一、生活照料	（一）饮食照料	1. 能为老年人摆放进食体位 2. 能帮助老年人进食进水 3. 能观察老年人进食进水的种类和量，报告并记录异常变化 4. 能根据已知老年人常见病情况发放治疗饮食	1. 老年人进食体位摆放方法及要求 2. 老年人进食进水方法及观察要点 3. 老年人吞咽困难、进食呛咳观察要点 4. 老年人治疗饮食发放有关知识
	（二）排泄照料	1. 能帮助老年人如厕 2. 能帮助卧床老年人使用便器排便 3. 能为老年人更换尿布、纸尿裤等 4. 能采集老年人的二便标本 5. 能观察老年人排泄物的性状、颜色、次数及量，报告并记录异常变化 6. 能在老年人呕吐时变换其体位 7. 能使用开塞露辅助老年人排便	1. 老年人胃肠及排二便活动基础知识及观察 2 .二便标本采集方法 3. 便器与纸尿裤使用方法 4. 呕吐体位变换要求及注意事项 5. 开塞露使用注意事项

笔记栏

续表

职业功能	工作内容	技能要求	相关知识
一、生活照料	（三）睡眠照料	1. 能为老年人布置睡眠环境 2. 能观察老年人睡眠状况，报告并记录异常变化	1. 老年人睡眠生理知识及观察要点 2. 老年人睡眠照料基础知识
	（四）清洁照料	1. 能为老年人整理、更换床单位 2. 能为老年人洗脸、洗手、洗头、洗澡（淋浴、盆浴、擦浴）、剃胡须、洗脚、修剪指（趾）甲，并整理仪表仪容 3. 能为老年人清洁口腔 4. 能为老年人摘戴义齿，并清洗 5. 能为老年人清洁会阴部 6. 能为老年人翻身，并观察皮肤变化，报告并记录异常变化 7. 能为老年人更衣	1. 老年人清洁照料知识及观察 2. 老年人口腔卫生及义齿的一般养护知识 3. 女性老年人会阴清洁注意事项 4. 老年人床上洗浴要求及注意事项 5. 老年人压疮预防知识及观察要点 6. 老年人更衣要求
二、基础护理	（一）用药照料	1.能查对并帮助老年人服药 2.能观察老年人用药后的反应，记录并及时报告	1. 用药基本知识及观察要点 2. 药物保管知识及注意事项
	（二）冷热应用	1. 能使用热水袋为老年人保暖 2. 能为老年人进行湿热敷 3. 能观察老年人皮肤异常变化，记录并及时报告	1. 老年人使用热水袋常识及注意事项 2. 老年人湿热法常识及注意事项 3. 老年人皮肤观察专业知识
	（三）遗体照料	1. 能清洁遗体 2. 能整理遗物	1. 老年人遗体清洁注意事项 2. 老年人遗物清理注意事项
三、康复护理	（一）康乐活动	1. 能教老年人手工活动，如夹豆、搭积木等 2. 能为老年人示范娱乐游戏活动，如拍手、传球、唱歌、听音乐等	1. 老年人手工活动示范方法 2. 文体娱乐活动实施方法
	（二）活动保护	1. 能教老年人使用轮椅、拐杖等助行器进行活动 2. 能使用轮椅辅助老年人进行活动 3. 能使用轮椅、平车等工具转运搬移老年人	1. 轮椅、拐杖等助行器使用操作方法及注意事项 2. 老年人扶抱搬移方法及注意事项 3. 老年人相关保护用具应用操作知识 4. 防跌倒措施知识及户外活动注意事项

3.2 中级

职业功能	工作内容	技能要求	相关知识
一、生活照料	（一）饮食照料	1. 能照料带鼻饲管的老年人进食 2. 能对发生噎食、误吸情况的老年人采取应急救助措施，报告并记录	1. 老年人鼻饲照料知识 2. 噎食、误吸救护知识
	（二）排泄照料	1. 能使用人工取便的方法辅助老年人排便 2. 能为留置导尿的老年人更换尿袋 3. 能为有肠造瘘的老年人更换粪袋 4. 能观察留置导尿的老年人的尿量及颜色，记录异常并及时报告	1. 老年人排泄知识及观察要点 2. 人工取便注意事项 3. 留置导尿的尿袋更换注意事项 4. 肠瘘粪袋更换注意事项

笔记栏

续表

职业功能	工作内容	技能要求	相关知识
一、生活照料	（三）睡眠照料	1. 能识别影响老年人睡眠的环境因素并提出改善建议 2. 能照料有睡眠障碍的老年人入睡 3. 能指导老年人改变不良的睡眠习惯	1. 老年人睡眠环境问题评估知识 2. 老年人睡眠障碍相关知识 3. 老年人睡眠指导知识
	（四）清洁照料	1. 能为老年人进行口腔护理 2. 能对老年人进行床旁消毒隔离 3. 能对老年人房间进行终末清洁消毒	1. 老年人口腔护理注意事项 2. 老年人床旁隔离知识 3. 消毒液使用的注意事项 4. 终末消毒注意事项
二、基础护理	（一）用药照料	1. 能为老年人进行雾化吸入操作 2. 能为老年人应用眼、耳、鼻等外用药 3. 能为Ⅰ度压疮老年人提供压疮处理措施	1. 雾化吸入法知识 2. 耳、鼻、喉用药知识 3. 压疮清洁和换药法知识
	（二）冷热应用	1. 能使用冰袋为高热老年人进行物理降温，观察并记录体温变化 2. 能使用温水擦浴为高热老年人物理降温，观察并记录体温变化	1. 冰袋使用基本知识 2. 温水擦浴基本知识 3. 体温测量方法知识
	（三）临终关怀	1. 能运用抚摸、握手等肢体语言为临终老年人提供慰藉支持 2. 能对临终老年人及家属提供精神安慰支持	1. 临终照料基本知识 2. 临终照料注意事项
三、康复护理	（一）康乐活动	1. 能教老年人使用健身器材进行功能锻炼 2. 能帮助老年人进行床上转换卧坐姿体位活动	1. 老年人常用健身器材使用常识及注意事项 2. 老年人肢体活动方法及相关知识
	（二）功能锻炼	1. 能帮助老年人进行穿脱衣服训练 2. 能帮助老年人进行站、坐及行走等活动	1. 老年人穿脱衣服训练方法及注意事项 2. 老年人体位移动知识

3.3 高级

职业技能	工作内容	技能要求	相关知识
一、生活照料	（一）饮食照料	1. 能识别老年人进食进水困难的基本原因 2. 能对老年人不良的饮食习惯进行健康指导，并提出饮食改善建议 3. 能检查老年人治疗饮食的落实情况	1. 老年人饮食影响因素分析知识 2. 老年人饮食指导知识
一、生活照料	（二）排泄照料	1. 能识别老年人二便异常的基本原因 2. 能识别老年人呕吐物异常，记录异常变化并及时采取应对措施	1. 老年人排便、排尿困难分析方法 2. 呕吐物观察方法及注意事项
二、基础护理	（一）消毒防护	1. 能对老年人的居室进行紫外线消毒 2. 能配制消毒液，实施老年人房间消毒 3. 能监测老年人居室的消毒结果	1. 消毒隔离技术知识 2. 消毒液配制注意事项 3. 试纸使用及监测技术

笔记栏

续表

职业功能	工作内容	技能要求	相关知识
二、基础护理	（二）应急救护	1. 能对老年人外伤出血、烫伤、摔伤等意外及时报告，并做出初步的应急处理 2. 能配合医护人员对有跌倒骨折的老年人进行初步固定和搬移 3. 能对心搏骤停老年人采取必要的应对措施 4. 能遵医嘱为老年人进行氧气吸入操作 5. 能对跌倒的老年人采取应对措施	1. 吸痰护理技术及知识 2. 止血、包扎与固定技术及基础知识 3. 海姆利克操作技术及基础知识 4. 心肺复苏基本知识 5. 胸外心脏按压与人工呼吸基本知识 6. 吸氧方法及相关知识 7. 危重老年人观察方法
三、康复护理	（一）康乐活动	1. 能辅导老年人完成健身康复操训练 2. 能带领智力障碍老年人进行康复训练	1. 健身操训练常识及要求 2. 智力障碍训练知识及要求
	（二）功能锻炼	1. 能帮助肢体障碍的老年人进行功能训练 2. 能帮助压力性尿失禁老年人进行功能训练	1. 老年人肢体功能康复训练知识 2. 老年人压力尿失禁功能康复训练知识
四、心理护理	（一）心理疏导	1. 能通过观察发现老年人心理变化的原因 2. 能用语言和肢体语言疏导老年人的不良情绪	1. 老年人心理异常的相关知识 2. 老年人心理咨询的相关知识
	（二）心理保健	1. 能为老年人及家属进行心理健康宣教 2. 能营造老年人交往环境，带动老年人参与兴趣活动	1. 老年人心理健康知识 2. 老年人兴趣活动知识
五、培训与指导	（一）培训	1. 能实施养老护理员理论知识和操作技能培训计划 2. 能编制初级养老护理员培训教案和电子课件并实施教学 3 能评价养老护理员培训效果	1. 培训计划编制的基本方法 2. 培训教案编写方法 3. 电子课件编写方法 4. 培训效果评价知识
	（二）指导	1. 能对养老护理员进行照料和护理方面的业务指导 2. 能对养老护理员进行护理技能操作示范指导	1. 业务指导的基本知识 2. 养老护理员操作指导基本知识

3.4 技师

职业功能	工作内容	技能要求	相关知识
一、基础护理	（一）计划管理	1. 能制订老年人慢性病的护理照料计划 2. 能评价护理计划实施结果 3. 能对老年人护理档案进行分类保管 4. 能制订防止老年人走失、烫伤、互伤、呛噎食、跌倒与跌伤、坠床、触电及火灾等意外预案	1. 老年人慢性病护理计划制订知识 2. 老年人慢性病护理评价知识 3. 安全预案制订相关知识
	（二）环境设计	1. 能识别并消除有损害老年人健康的环境因素 2. 能设计适合不同疾病状态老年人（如中风老年人）的生活环境 3. 能修订老年人生活环境的方案	1. 老年人生活环境有害因素识别知识 2. 老年人生活环境优化设计知识

笔记栏

续表

职业功能	工作内容	技能要求	相关知识
一、基础护理	（三）技术创新	1. 能对老年人照料、护理技术进行创新 2. 能撰写老年人照料、护理方面的技术总结或论文 3. 能对老年用品提出技术改良建议	1. 护理研究方法及相关知识 2. 护理论文撰写方法及相关知识
二、康复护理	（一）功能锻炼	1. 能帮助语言障碍的老年人进行言语训练 2. 能帮助吞咽障碍的老年人进行吞咽功能训练	1. 老年人言语训练方案及相关知识 2. 老年人吞咽功能训练方案及相关知识
	（二）活动评价	1. 能制订老年人功能康复训练计划 2. 能评价老年人肢体活动效果	1. 老年人功能康复训练制订知识 2. 老年人肢体活动效果评价知识
三、心理护理	（一）心理辅导	1. 能制订老年人心理辅导基本方案 2. 能为老年人讲解基本的心理健康知识	1. 老年人心理辅导方案及相关知识 2. 老年人心理健康知识及讲解方法
	（二）心理疏导	1. 能使用心理调治方法疏导并稳定老年人的不良情绪 2. 能评估老年人心理辅导效果	1. 老年人心理调治技术的相关知识 2. 老年人心理辅导效果评估相关知识
四、护理管理	（一）组织管理	1. 能制订养老护理员岗位职责和工作程序与流程 2. 能起草养老护理员的管理制度 3. 能对养老工作程序和护理流程提出持续改进的意见 4. 能对养老护理计划和方案予以检查与控制 5. 能制订养老护理员考核办法	1. 养老护理管理知识 2. 养老护理规范及流程相关知识 3. 养老护理员考核方法及流程
	（二）质量管理	1. 能制订养老护理质量控制方案 2. 能制订养老护理技术操作规程 3. 能运用信息技术进行信息化管理	1. 养老护理质量管理相关知识 2. 信息化管理相关知识
五、培训与指导	（一）培训	1. 能制订养老护理员理论知识和操作技能培训计划 2. 能编制中高级养老护理员培训教案并熟练进行施教 3. 能调查培训需求、监督培训实施和进行效果评估	1. 现代培训的基本方法 2. 培训需求调查和培训方法设计 3. 现代培训管理知识
	（二）指导	1. 能规范养老护理员操作技术 2. 能对养老护理员操作中的常见问题、重大问题、疑难问题进行示范、指导和解决	1. 中高级养老护理员操作指导基本知识 2. 技术指导操作中各类疑难问题的相关知识

4. 比重表

4.1　理论知识

笔记栏

项目		初级（%）	中级（%）	高级（%）	技师（%）
基本要求	职业道德	5	5	5	5
	基础知识	20	15	15	10
相关知识	生活照料	50	30	25	—
	基础护理	20	40	30	25
	康复护理	5	10	10	20
	心理护理	—	—	10	20
	护理管理	—	—	—	10
	培训指导	—	—	5	10
合计		100	100	100	100

4.2 技能操作

项目		初级（%）	中级（%）	高级（%）	技师（%）
技能要求	生活照料	60	40	20	—
	基础护理	30	45	40	40
	康复护理	10	15	15	20
	心理护理	—	—	15	20
	护理管理	—	—	—	10
	培训指导	—	—	10	10
合计		100	100	100	100

注：比重表中不配分的地方，请划“—”。

笔记栏

参考文献

陈文彬，潘祥林，等. 2008. 诊断学. 北京：人民卫生出版社

董碧蓉. 2015. 新概念老年医学. 北京：北京大学医学出版社

董翠红，杨术兰. 2014. 老年护理. 北京：北京科学技术出版社

侯晓霞. 2006. 老年常见病预防与照护. 北京：经济管理出版社

化前珍. 2012. 老年护理学. 北京：人民卫生出版社

乐杰. 2008. 妇产科学. 北京：人民卫生出版社

李丹，杨玉兰. 2001. 中风病人的康复护理. 北京：北京科学技术出版社

李小寒，尚少梅. 2013. 基础护理学. 北京：人民卫生出版社

陆再英，钟南山，等. 2008. 内科学. 北京：人民卫生出版社

马秀芬，张展，等. 2011. 内科护理学. 北京：人民卫生出版社

尚少梅. 2013. 老年护理学. 北京：中国协会医科大学出版社

王珏辉，姬栋岩，2010. 张宵艳. 老年护理技术. 武汉：华中科技大学出版社

王维治，罗祖名，等. 2005. 神经病学. 北京：人民卫生出版社

王志红，詹林. 2011. 老年护理学. 上海：上海科学技术出版社

吴在德，吴肇汉，等. 2008. 外科学. 北京：人民卫生出版社

尤黎明，吴瑛，等. 2012. 内科护理学. 北京：人民卫生出版社

余灵燕，陈羽. 2003. 家庭保健与护理. 北京：中国人民大学出版社

赵小玉，杨术兰. 2016. 老年护理. 北京：人民卫生出版社

诸葛毅，王小同，等. 2012. 老年护理技术实践教程. 杭州：浙江大学出版社

庄一平，杨玉南. 2013. 外科护理学. 北京：科学出版社

笔记栏